# DAS FANTASTISCHE
# TORTENKOCHBUCH

100 herzhafte, krautige, fruchtige und würzige Kuchen zum Zubereiten zu Hause

Jonosch Schulz

Urheberrechtliches Material ©2023

Alle Rechte vorbehalten

Kein Teil dieses Buches darf ohne die entsprechende schriftliche Zustimmung des Herausgebers und Urheberrechtsinhabers in irgendeiner Form oder auf irgendeine Weise verwendet oder übertragen werden, mit Ausnahme von kurzen Zitaten, die in einer Rezension verwendet werden. Dieses Buch sollte nicht als Ersatz für medizinische, rechtliche oder andere professionelle Beratung betrachtet werden.

# INHALTSVERZEICHNIS

## INHALTSVERZEICHNIS — 3
## EINFÜHRUNG — 8
## GRUNDREZEPTE — 9

   1. Tortenkrümel — 10
   2. Tortenkrümelglasur — 12
   3. Schokoladenkruste — 14
   4. Fettarmer Tortenboden — 16
   5. Graham-Kruste — 18
   6. Mutterteig — 20

## CREMETORTEN — 22

   7. Mini-Erdbeer-Sahne-Torten — 23
   8. Schokoladen-Sahne-Torte — 25
   9. Bananen-Sahne-Torte — 29
   10. Müsli-Milch-Eiscremetorte — 33
   11. PB und J Pie — 35
   12. Bananencremetorte — 37
   13. Brownie-Kuchen — 40
   14. Heuschreckenkuchen — 43
   15. Blondie-Torte — 46
   16. Schokoriegelkuchen — 49
   17. Zitronen-Baiser-Pistazien-Torte — 52
   18. Crack Pie — 55
   19. Zuckermais-Müsli-Milch-Eiscremetorte — 59
   20. Cremiger Ricotta-Kuchen — 61
   21. Cashew-Bananen-Creme-Torte — 63
   22. Erdnussbutter-Eiscremetorte — 66

23. Boston Cream Pie ... 68

## Handkuchen — 70

24. S'mores Hand Pies ... 71
25. Blueberry Hand Pies ... 73
26. Erdbeerhandkuchen ... 75
27. Apfelkuchen ... 77

## FRUCHTTORTEN — 80

28. Key Lime Pie ... 81
29. Apfelkuchen aus der Pfanne ... 84
30. Blaubeer-Rhabarber-Kuchen ... 86
31. Apfelkuchen ... 89
32. Glutenfreier einfacher Kokosnusskuchen ... 92
33. Grapefruitkuchen ... 94
34. Cranberry-Kuchen ... 96
35. Pfirsich-Streuselkuchen ... 98
36. Erdbeerwolkenkuchen ... 101
37. Frischer Obstkuchen ohne Backen ... 104
38. Bananen-Mango-Kuchen ... 106
39. Erdbeer-Sahne-Torte ... 108
40. Apfel-Baiser-Kuchen ... 110
41. Cheddar-Streusel-Apfelkuchen ... 112

## VEGGIE PIES — 114

42. Rhabarber mit Makronen ... 115
43. Miner's Pie ... 117
44. Rhabarberkuchen ... 120
45. Süßkartoffelkuchen ... 123
46. Kürbiskuchen ... 125
47. Southern Sweet Potato Pie ... 127
48. Italienischer Artischockenkuchen ... 129

| | |
|---|---:|
| 49. Rustikaler Cottage Pie | 132 |
| 50. Hühnchen-Lauch-Pilz-Torte | 135 |
| 51. Kürbiskuchen mit einem Hauch Rum | 138 |
| 52. Grüner Tomatenkuchen | 141 |
| 53. Spargelkuchen | 143 |

## NUSSKUCHEN — 145

| | |
|---|---:|
| 54. Pekannusskuchen | 146 |
| 55. Weiße Schokoladen-Haselnuss-Torte | 149 |
| 56. Glutenfreier einfacher Kokosnusskuchen | 151 |
| 57. Schwarzwalnuss-Haferflockenkuchen | 153 |
| 58. Eichelkuchen | 155 |
| 59. Mandel-Makronen-Kirsch-Torte | 157 |
| 60. Amaretto-Schokoladenkuchen | 159 |
| 61. Snickers Bar Pie | 161 |
| 62. Kirsch-Haselnuss-Crunch-Torte | 163 |

## KRÄUTER- UND BLUMENTORTEN — 165

| | |
|---|---:|
| 63. Schokoladen-Minz-Espresso-Torte | 166 |
| 64. Rosmarin-, Wurst- und Käsekuchen | 169 |
| 65. Zitronen-Stiefmütterchen-Torte | 171 |

## FLEISCH- UND HÜHNERPATEN — 174

| | |
|---|---:|
| 66. Eier-Frühstückspasteten | 175 |
| 67. Käse- und Wurstpasteten | 177 |
| 68. Rosmarin, Hühnerwurstpasteten | 179 |
| 69. Hühnchenpastete | 181 |
| 70. Elchkuchen | 183 |

## Getreide- und Nudelkuchen — 185

| | |
|---|---:|
| 71. Nicht ganz so kitschiger Tamale-Kuchen | 186 |
| 72. Spaghetti-Fleischbällchen-Torte | 188 |

| | |
|---|---:|
| 73. Sesam-Spinat-Nudelkuchen | 190 |
| 74. Italienischer Spaghettikuchen | 192 |
| 75. Maiskuchen | 194 |

## WÜRZIGE KUCHEN — 196

| | |
|---|---:|
| 76. Altmodischer Karamellkuchen | 197 |
| 77. Zimt-Zucker-Apfelkuchen | 199 |
| 78. Dirty Skillet Salted Caramel Apple Pie | 202 |
| 79. Eierlikör-Parfait-Kuchen | 206 |
| 80. Kürbis-Gewürz-Tiramisu-Kuchen | 208 |
| 81. Zimtschneckenkuchen | 211 |
| 82. Haferflocken-Zimt-Eis | 214 |
| 83. Amaretto-Kokos-Torte | 216 |
| 84. Amish-Pudding-Torte | 218 |

## WHOOPIE PIES — 220

| | |
|---|---:|
| 85. Tiramisu Whoopie Pies | 221 |
| 86. Melasse-Whoopie-Pie | 224 |
| 87. Haferflocken-Whoopie-Pie | 226 |

## POT-PIES — 228

| | |
|---|---:|
| 88. Pilz-Kalbs-Pot Pie | 229 |
| 89. Cheddar Chicken Pot Pie | 232 |
| 90. Farmhouse Pork Pot Pie | 235 |
| 91. Lobster Pot Pie | 237 |
| 92. Steak Pot Pie | 240 |
| 93. Asiatischer Chicken Pot Pie | 242 |

## MINCE PIES — 245

| | |
|---|---:|
| 94. Baileys Mince Pies | 246 |
| 95. Apfel-Hackfleisch-Kuchen | 249 |
| 96. Apfelstreusel-Mince-Torte | 251 |

97. Cranberry-Mince-Pie — 253

98. Mince Pie mit Zitronengarnitur — 255

99. Orchard Mince Pie — 258

100. Sauerrahm-Hackfleischkuchen — 260

# SCHLUSSFOLGERUNG 262

## EINFÜHRUNG

Von Klassikern wie Apfelkuchen bis hin zu neuen Favoriten wie Mokka-Seidenkuchen – diese Liste der besten Kuchenrezepte bietet für jeden etwas. Es gibt sogar Optionen ohne Backen für diejenigen, die nicht so viel backen. Natürlich können Sie bei vielen dieser Rezepte zwischen einem eingepressten Keksboden, einem reinen Butterkuchenboden oder einem Blätterteigboden wählen. Und wenn alles andere fehlschlägt, holen Sie sich einfach eine im Laden gekaufte Kruste. Gegen eine im Laden gekaufte Abkürzung ist nichts einzuwenden, und Sie sparen damit eine Menge Zeit bei der Zubereitung der Zitronen-Baiser-Torte! Aber egal für welches Kuchenrezept Sie sich entscheiden, vergessen Sie nicht, die Kugeln Eis oder Schlagsahne als Belag herauszunehmen!

# GRUNDREZEPTE

# 1. Tortenkrümel

Ergibt ca. 350 g (2¾ Tassen)

**ZUTATEN:**
1. 240 g Mehl [1½ Tassen]
2. 18 g Zucker [2 Esslöffel]
3. 3 g koscheres Salz [¾ Teelöffel]
4. 115 g Butter, geschmolzen [8 Esslöffel (1 Stück)]
5. 20 g Wasser [1½ Esslöffel]

**Richtungen**

a) Heizen Sie den Ofen auf 350 °F vor.
b) Mehl, Zucker und Salz in die Schüssel einer Küchenmaschine mit Rühraufsatz geben und bei niedriger Geschwindigkeit gut vermischen.
c) Butter und Wasser hinzufügen und bei niedriger Geschwindigkeit rühren, bis sich die Mischung in kleinen Klümpchen zusammenfügt.
d) Verteilen Sie die Trauben auf einem mit Backpapier oder Silpat ausgelegten Backblech. 25 Minuten backen, dabei gelegentlich zerkleinern. Zu diesem Zeitpunkt sollten die Krümel goldbraun sein und sich noch leicht feucht anfühlen; Sie trocknen und härten beim Abkühlen aus.
e) Lassen Sie die Krümel vor der Verwendung vollständig abkühlen.

## 2. Tortenkrümelglasur

Ergibt etwa 220 g (¾ Tasse) oder reicht für zwei Apfelkuchen-Kuchen

**ZUTATEN:**
- ½ Portion Pie Crumb
- 110 g Milch [½ Tasse]
- 2 g koscheres Salz [½ Teelöffel]
- 40 g Butter, zimmerwarm [3 Esslöffel]
- 40 g Puderzucker [¼ Tasse]

**Richtungen**

a) Tortenkrümel, Milch und Salz in einen Mixer geben, die Geschwindigkeit auf mittelhoch stellen und pürieren, bis eine glatte und homogene Masse entsteht. Es dauert 1 bis 3 Minuten (abhängig von der Leistung Ihres Mixers). Wenn sich die Mischung nicht am Mixermesser festsetzt, schalten Sie den Mixer aus, nehmen Sie einen kleinen Teelöffel und kratzen Sie die Seiten des Behälters ab. Denken Sie daran, unter dem Messer hindurchzukratzen, und versuchen Sie es dann erneut.

b) Butter und Puderzucker in die Schüssel einer Küchenmaschine mit Rühraufsatz geben und 2 bis 3 Minuten lang auf mittlerer bis hoher Stufe cremig rühren, bis die Masse schaumig und hellgelb ist. Kratzen Sie die Seiten der Schüssel mit einem Spatel ab.

c) Geben Sie bei niedriger Geschwindigkeit den Inhalt des Mixers hinein. Erhöhen Sie nach 1 Minute die Geschwindigkeit auf mittelhoch und lassen Sie das Ganze weitere 2 Minuten laufen. Kratzen Sie die Seiten der Schüssel ab. Wenn die Mischung keine gleichmäßige, sehr blasse, kaum bräunliche Farbe hat, kratzen Sie die Schüssel noch einmal ab und rühren Sie sie noch eine Minute lang mit hoher Geschwindigkeit.

d) Verwenden Sie die Glasur sofort oder bewahren Sie sie bis zu einer Woche in einem luftdichten Behälter im Kühlschrank auf.

## 3. Schokoladenkruste

Ergibt 1 (25 cm) Tortenkruste

**ZUTATEN:**
- ¾ Portion Chocolate Crumb [260 g (1¾ Tassen)]
- 8 g Zucker [2 Teelöffel]
- 0,5 g koscheres Salz [⅛ Teelöffel]
- 14 g Butter, geschmolzen, oder nach Bedarf [1 Esslöffel]

**Richtungen**

a) Die Schokoladenkrümel in einer Küchenmaschine zerkleinern, bis sie sandig sind und keine größeren Klümpchen mehr übrig sind.

b) Geben Sie den Sand in eine Schüssel und vermischen Sie ihn mit den Händen mit Zucker und Salz. Fügen Sie die geschmolzene Butter hinzu und kneten Sie sie in den Sand, bis sie feucht genug ist, um sie zu einer Kugel zu kneten. Sollte die Masse noch nicht feucht genug sein, weitere 14 g (1 Esslöffel) Butter schmelzen und unterkneten.

c) Übertragen Sie die Mischung in eine 10-Zoll-Kuchenform. Drücken Sie die Schokoladenkruste mit Ihren Fingern und Handflächen fest in die Form und achten Sie darauf, dass der Boden und die Seiten der Kuchenform gleichmäßig bedeckt sind. In Plastikfolie eingewickelt kann die Kruste bis zu 5 Tage bei Zimmertemperatur oder 2 Wochen im Kühlschrank aufbewahrt werden.

## 4. **Fettarmer Kuchenboden**

**ZUTATEN:**
- ⅓ Tasse (80 ml) Rapsöl
- 1⅓ Tassen (160 g) Mehl
- 2 Esslöffel (30 ml) kaltes Wasser

**Richtungen**

a) Öl zum Mehl geben und mit einer Gabel gut vermischen. Wasser darüber streuen und gut vermischen. Den Teig mit den Händen zu einer Kugel formen und flach drücken. Zwischen zwei Stücken Wachspapier rollen.

b) Entfernen Sie das obere Stück Wachspapier, drehen Sie es über den Tortenteller und entfernen Sie das andere Stück Wachspapier. Festdrücken.

c) Für Kuchen, die keine gebackene Füllung benötigen, backen Sie sie 12 bis 15 Minuten lang oder bis sie leicht gebräunt sind bei 200 °C (400 °F) oder Gasstufe 6.

## 5. Graham-Kruste

Ergibt ca. 340 g (2 Tassen)

**ZUTATEN:**
- 190 g Graham-Cracker-Krümel 1½ Tassen]
- 20 g Milchpulver [¼ Tasse]
- 25 g Zucker [2 Esslöffel]
- 3 g koscheres Salz [¾ Teelöffel]
- 55 g Butter, geschmolzen oder nach Bedarf [4 Esslöffel (½ Stange)]
- 55 g Sahne [¼ Tasse]

**Richtungen**

a) Geben Sie die Graham-Krümel, das Milchpulver, den Zucker und das Salz mit den Händen in eine mittelgroße Schüssel, um die trockenen Zutaten gleichmäßig zu verteilen.
b) Butter und Sahne verquirlen.
c) Zu den trockenen Zutaten geben und nochmals vermengen, um eine gleichmäßige Verteilung zu erreichen.
d) Die Butter fungiert als Klebstoff, haftet an den trockenen Zutaten und verwandelt die Mischung in kleine Cluster. Die Mischung sollte ihre Form behalten, wenn man sie fest in der Handfläche zusammendrückt. Wenn es nicht feucht genug ist, schmelzen Sie zusätzlich 14 bis 25 g (1 bis 1½ Esslöffel) Butter und mischen Sie es unter.

## 6. <u>Mutterteig</u>

Ergibt etwa 850 g (2 Pfund)

**ZUTATEN:**
- 550 g Mehl [3½ Tassen]
- 12 g koscheres Salz [1 Esslöffel]
- 3,5 g aktive Trockenhefe [½ Päckchen oder 1⅛ Teelöffel]
- 370 g Wasser, zimmerwarm [1¾ Tassen]

**Richtungen**
a) Zu einem Teig vermengen

# CREMETORTEN

# 7. Mini-Erdbeer- und Sahnetorten

Ergibt: 2 Portionen

**ZUTATEN:**
- 3 Esslöffel Sahne, schwer
- 1 Eiweiß zum Bestreichen
- 1 Kuchenteig
- 2 Esslöffel Mandeln
- 1 Tasse Erdbeeren, in Scheiben geschnitten

**ANWEISUNGEN:**
a)  Den Teig flach drücken und in 3-Zoll-Kreise schneiden.
b)  Erdbeeren, Mandeln und Sahne in der Mitte des Teigs verteilen.
c)  Die Ränder mit Eiweiß bestreichen und mit einem weiteren Teig belegen.
d)  Drücken Sie die Ränder mit der Gabel fest.
e)  10 Minuten lang bei 360 Grad an der Luft braten.

## 8. **Schokosahnekuchen**

Ergibt: 7 Portionen

**ZUTATEN:**
**Pekannusstortenkruste (ergibt 1 Tortenkruste):**
- 1 Tasse Allzweckmehl
- 1 Tasse fein gehackte Pekannüsse
- 4 Unzen geschmolzene Butter

**Vanillepudding-Füllung (ergibt 1 Kuchenfüllung):**
- 1 Tasse Vollmilch
- 1 Tasse halb und halb
- 1 Tasse Kristallzucker
- ¼ Tasse Maisstärke
- 3 Eigelb
- 1 ganzes Ei
- 1 Tasse Ghirardelli 60 % Kakao-Schokoladenstückchen
- 1 Esslöffel Vanilleextrakt

**Frischkäsefüllung:**
- 1 Tasse schwere Schlagsahne
- 8 Unzen Frischkäse
- 1 Tasse Puderzucker

**AUFGESCHLAGENES TOPPING:**
- 2 Tassen schwere Schlagsahne
- ½ Tasse Puderzucker

**MONTAGE:**
- Vorbereiteter und abgekühlter Tortenboden
- ¾ Tasse Frischkäsefüllung
- Zubereiteter und abgekühlter Vanillepudding
- Schlagsahne
- Ungefähr 2 Esslöffel gehackte Ghirardelli-Schokoladenstückchen mit 60 % Kakaoanteil

**ANWEISUNGEN:**
**FÜR DIE Pekannusskuchenkruste**
a) Alle Zutaten mit den Händen vermischen.
b) In eine 9 Zoll hohe Kuchenform drücken. Achten Sie darauf, den Tortenboden gleichmäßig zu verteilen und achten Sie dabei

besonders auf die Dicke der Ecken. Es dürfen keine Risse vorhanden sein.

c) Backen Sie die Kruste bei 375 Grad etwa 15 Minuten lang und prüfen Sie den Gargrad nach 10 Minuten.
d) Auf einem Backgitter mindestens 45 Minuten abkühlen lassen.

**FÜR DIE CUSTARD-FÜLLUNG**

e) In einem Topf Milch und die Hälfte vermischen. Auf niedriger Stufe erhitzen, bis die Milch warm wird. Dabei darauf achten, dass die Milch nicht verbrüht.
f) In einer separaten Schüssel Zucker und Maisstärke verquirlen. Nach dem Mischen Eigelb und Vollei zur Maisstärkemischung geben.
g) Die erwärmte Milch/Halb-und-Halb-Mischung in die Eimischung einrühren.
h) Geben Sie die kombinierten **ZUTATEN** in denselben Topf und erhitzen Sie alles unter ständigem Rühren auf mittlerer Stufe. Gehen Sie NICHT weg – rühren Sie weiter.
i) Sobald die Mischung zu einer Puddingkonsistenz eingedickt ist, nehmen Sie sie vom Herd. Zuletzt Vanille hinzufügen.
j) Geben Sie Schokoladenstückchen in einen 2-Liter-Behälter. In 30-Sekunden-Intervallen in der Mikrowelle erhitzen und zwischendurch umrühren, bis es geschmolzen ist. Geben Sie geschmolzene Schokolade in die Vanillesoße, bis alles gut vermischt ist.
k) Mit Plastikfolie abdecken, um Hautbildung zu vermeiden. Mindestens 45 Minuten im Kühlschrank lagern, bis es abgekühlt ist.

**Frischkäsefüllung:**

l) Schlagen Sie die Sahne mit der Küchenmaschine steif. Beiseite legen.
m) Mischen Sie den Frischkäse mit der Küchenmaschine, bis er weich ist. Den Puderzucker langsam zum Frischkäse geben und glatt rühren.
n) Die Schlagsahne zur Frischkäsemischung geben. Mischen, bis alles gut vermischt ist.

**AUFGESCHLAGENES TOPPING:**

o) Mit der Küchenmaschine Schlagsahne schlagen, bis mittlere Spitzen erreicht sind.
p) Zucker hinzufügen und weiter schlagen, bis sich steife Spitzen bilden. NICHT zu viel aufschlagen.

**MONTAGE:**

q) Die Frischkäsefüllung gleichmäßig auf dem Boden des Tortenbodens verteilen.
r) Decken Sie die Frischkäsefüllung mit der vorbereiteten und abgekühlten Vanillepuddingfüllung ab.
s) Decken Sie den Kuchen mit Schlagsahne ab.
t) Mit gehackten Schokoladenstückchen bestreuen.

## 9. **Bananencreme Kuchen**

Ergibt: 7 Portionen

## ZUTATEN:

### Pekannusstortenkruste (ergibt 1 Tortenkruste):
- 1 Tasse Allzweckmehl
- 1 Tasse fein gehackte Pekannüsse
- 4 Unzen geschmolzene Butter

### Vanillepudding-Füllung (ergibt 1 Kuchenfüllung):
- 1 Tasse Vollmilch
- 1 Tasse halb und halb
- 1 Tasse Kristallzucker
- ¼ Tasse Maisstärke
- 3 Eigelb
- 1 ganzes Ei
- 1 Esslöffel Vanilleextrakt

### Frischkäsefüllung:
- 1 Tasse schwere Schlagsahne
- 8 Unzen Frischkäse
- 1 Tasse Puderzucker

### AUFGESCHLAGENES TOPPING:
- 2 Tassen schwere Schlagsahne
- ½ Tasse Puderzucker

### MONTAGE:
- Vorbereiteter und abgekühlter Tortenboden
- ¾ Tasse Frischkäsefüllung
- 2 Bananen schräg geschnitten
- Zubereiteter und abgekühlter Vanillepudding
- Schlagsahne
- Ungefähr 2 Esslöffel gehackte Pekannüsse

## ANWEISUNGEN:

### Pekannusskuchenkruste:
a) Alle Zutaten mit den Händen vermischen.
b) In eine 9 Zoll hohe Kuchenform drücken. Achten Sie darauf, den Tortenboden gleichmäßig zu verteilen und achten Sie dabei

besonders auf die Dicke der Ecken. Es dürfen keine Risse vorhanden sein.

c) Backen Sie die Kruste bei 375 Grad etwa 15 Minuten lang und prüfen Sie den Gargrad nach 10 Minuten.
d) Auf einem Backgitter mindestens 45 Minuten abkühlen lassen.

**CUSTARD FÜLLUNG:**

e) In einem Topf Milch und die Hälfte vermischen. Auf niedriger Stufe erhitzen, bis die Milch warm wird. Dabei darauf achten, dass die Milch nicht verbrüht.
f) In einer separaten Schüssel Zucker und Maisstärke verquirlen. Nach dem Mischen Eigelb und Vollei zur Maisstärkemischung geben.
g) Die erwärmte Milch/Halb-und-Halb-Mischung in die Eimischung einrühren.
h) Geben Sie die kombinierten **ZUTATEN** in denselben Topf und erhitzen Sie alles unter ständigem Rühren auf mittlerer Stufe. Gehen Sie NICHT weg – rühren Sie weiter.
i) Sobald die Mischung zu einer Puddingkonsistenz eingedickt ist, nehmen Sie sie vom Herd. Zuletzt Vanille hinzufügen.
j) Mit Plastikfolie abdecken, um Hautbildung zu vermeiden. Mindestens 45 Minuten im Kühlschrank lagern, bis es abgekühlt ist.

**Frischkäsefüllung:**

k) Schlagen Sie die Sahne mit der Küchenmaschine steif. Beiseite legen.
l) Mischen Sie den Frischkäse mit der Küchenmaschine, bis er weich ist. Den Puderzucker langsam zum Frischkäse geben und glatt rühren.
m) Die Schlagsahne zur Frischkäsemischung geben. Mischen, bis alles gut vermischt ist.

**AUFGESCHLAGENES TOPPING:**

n) Mit der Küchenmaschine Schlagsahne schlagen, bis mittlere Spitzen erreicht sind.
o) Zucker hinzufügen und weiter schlagen, bis sich steife Spitzen bilden. NICHT zu viel aufschlagen.

**MONTAGE:**

p) Die Frischkäsefüllung gleichmäßig auf dem Boden des Tortenbodens verteilen.
q) Legen Sie Ihre schräg geschnittenen Bananen auf die Frischkäsefüllung.
r) Decken Sie die Bananen mit der vorbereiteten und abgekühlten Vanillepuddingfüllung ab.
s) Bedecken Sie den Kuchen mit Schlagsahne und gehackten Pekannüssen.

## 10. Müslimilch-Eiscremetorte

Ergibt 1 (25 cm) Kuchen; FÜR 8 BIS 10 PERSONEN

**ZUTATEN:**
- ½ Portion Cornflake Crunch [180 g (2 Tassen)]
- 25 g Butter, geschmolzen [2 Esslöffel]
- 1 Portion Müslimilcheis

**Richtungen**

a) Zerkrümeln Sie die Cornflake-Crunch-Cluster mit den Händen auf die Hälfte ihrer Größe.

b) Geben Sie die geschmolzene Butter in den zerbröselten Cornflakes-Crunch und verrühren Sie alles gut. Drücken Sie die Mischung mit Ihren Fingern und Handflächen fest in eine 25 cm große Kuchenform und achten Sie darauf, dass der Boden und die Seiten der Kuchenform gleichmäßig bedeckt sind. In Plastik eingewickelt kann die Kruste bis zu 2 Wochen eingefroren werden.

c) Verteilen Sie das Eis mit einem Spatel in der Tortenform. Frieren Sie den Kuchen mindestens 3 Stunden lang ein oder bis das Eis so hart gefroren ist, dass der Kuchen leicht geschnitten und serviert werden kann. In Frischhaltefolie eingewickelt ist der Kuchen im Gefrierschrank zwei Wochen haltbar.

# 11. PB- und J-Kuchen

Ergibt 1 (25 cm) Kuchen; FÜR 8 BIS 10 PERSONEN

**ZUTATEN:**
- 1 Portion ungebackener Ritz Crunch
- 1 Portion Erdnussbutter-Nougat
- 1 Portion Concord-Traubensorbet
- ½ Portion Concord-Traubensauce

**Richtungen**

a) Heizen Sie den Ofen auf 275 °F vor.
b) Drücken Sie den Ritz-Crunch in eine 10-Zoll-Kuchenform. Drücken Sie den Crunch mit Ihren Fingern und Handflächen fest hinein und achten Sie darauf, dass der Boden und die Seiten gleichmäßig und vollständig bedeckt sind.
c) Die Form auf ein Blech stellen und 20 Minuten backen. Die Ritz-Kruste sollte etwas goldbrauner und etwas butterartiger sein als die Kruste, mit der Sie begonnen haben. Kühlen Sie die Ritz-Crunch-Kruste vollständig ab; In Plastik eingewickelt kann die Kruste bis zu 2 Wochen eingefroren werden.
d) Streuen Sie das Erdnussbutter-Nougat auf den Boden des Tortenbodens und drücken Sie ihn dann leicht an, sodass eine flache Schicht entsteht. Diese Schicht 30 Minuten lang einfrieren oder bis sie kalt und fest ist. Geben Sie das Sorbet auf das Nougat und verteilen Sie es gleichmäßig. Legen Sie den Kuchen in den Gefrierschrank, bis das Sorbet fest wird (30 Minuten bis 1 Stunde).
e) Geben Sie die Concord-Traubensoße auf den Kuchen und verteilen Sie sie zügig gleichmäßig auf dem Sorbet.
f) Legen Sie den Kuchen zurück in den Gefrierschrank, bis er zum Schneiden und Servieren bereit ist. (Sorgfältig) in Plastik eingewickelt kann der Kuchen bis zu 1 Monat lang eingefroren werden.

## 12. Bananencreme Kuchen

Ergibt 1 (25 cm) Kuchen; FÜR 8 BIS 10 PERSONEN

**ZUTATEN:**
- 1 Portion Bananencreme
- 1 Portion Schokoladenkruste
- 1 Banane, gerade reif, in Scheiben geschnitten

**Bananencreme**
- 225g Bananen
- 75 g Sahne [⅓ Tasse]
- 55 g Milch [¼ Tasse]
- 100 g Zucker [½ Tasse]
- 25 g Maisstärke [2 Esslöffel]
- 2 g koscheres Salz [½ Teelöffel]
- 3 Eigelb
- 2 Gelatineblätter
- 40 g Butter [3 Esslöffel]
- 25 Tropfen gelbe Lebensmittelfarbe [½ Teelöffel]
- 160 g Sahne [¾ Tasse]
- 160 g Puderzucker [1 Tasse]

**Richtungen**
a) Die Hälfte der Bananencreme in den Tortenboden gießen. Bedecken Sie es mit einer Schicht geschnittener Bananen und bedecken Sie die Bananen dann mit der restlichen Bananencreme. Der Kuchen sollte im Kühlschrank aufbewahrt und innerhalb eines Tages nach der Zubereitung verzehrt werden.
b) Bananen, Sahne und Milch in einen Mixer geben und pürieren, bis eine glatte Masse entsteht.
c) Zucker, Maisstärke, Salz und Eigelb hinzufügen und weiter mixen, bis eine homogene Masse entsteht. Gießen Sie die Mischung in einen mittelgroßen Topf. Reinigen Sie den Mixerbehälter.
d) Die Gelatine aufkochen.
e) Den Inhalt der Pfanne verquirlen und bei mittlerer bis niedriger Hitze erhitzen. Wenn die Bananenmischung erhitzt wird, wird

sie dicker. Zum Kochen bringen und dann 2 Minuten lang kräftig weiterrühren, um die Stärke vollständig auszukochen. Die Mischung wird einem dicken Kleber ähneln, der an Zement grenzt, mit einer passenden Farbe.

f) Geben Sie den Inhalt der Pfanne in den Mixer. Geben Sie die aufgeblühte Gelatine und die Butter hinzu und verrühren Sie alles, bis die Masse glatt und gleichmäßig ist. Färben Sie die Mischung mit gelber Lebensmittelfarbe, bis ein leuchtendes Cartoon-Bananengelb entsteht.

g) Geben Sie die Bananenmischung in einen hitzebeständigen Behälter und stellen Sie sie für 30 bis 60 Minuten in den Kühlschrank – so lange, bis sie vollständig abgekühlt ist.

h) Schlagen Sie die Sahne und den Puderzucker mit einem Schneebesen oder einem Mixer mit Schneebesenaufsatz mittelweich auf.

i) Die kalte Bananenmischung zur Schlagsahne geben und langsam verrühren, bis die Masse gleichmäßig gefärbt und homogen ist. In einem luftdichten Behälter aufbewahrt, bleibt Bananencreme im Kühlschrank bis zu 5 Tage frisch.

## 13. **Brownie-Kuchen**

Ergibt 1 (25 cm) Kuchen; FÜR 8 BIS 10 PERSONEN

**ZUTATEN:**
- ¾ Portion Graham Crust [255 g (1½ Tassen)]
- 125 g 72 % Schokolade [4½ Unzen]
- 85 g Butter [6 Esslöffel]
- 2 Eier
- 150 g Zucker [¾ Tasse]
- 40 g Mehl [¼ Tasse]
- 25 g Kakaopulver
- 2 g koscheres Salz [½ Teelöffel]
- 110 g Sahne [½ Tasse]

**Richtungen**
a) Heizen Sie den Ofen auf 350 °F vor.
b) Geben Sie 210 g (1¼ Tassen) Grahamkruste in eine 10-Zoll-Kuchenform und stellen Sie die restlichen 45 g (¼ Tasse) zur Seite. Drücken Sie den Boden mit Ihren Fingern und Handflächen fest in die Kuchenform und bedecken Sie dabei den Boden und die Seiten der Form vollständig. In Plastik eingewickelt kann die Kruste bis zu 2 Wochen gekühlt oder eingefroren werden.
c) Geben Sie die Schokolade und die Butter in eine mikrowellengeeignete Schüssel und lassen Sie sie 30 bis 50 Sekunden lang auf niedriger Stufe sanft schmelzen. Mit einem hitzebeständigen Spatel verrühren, bis die Mischung glänzend und glatt ist.
d) Eier und Zucker in die Schüssel einer Küchenmaschine mit Schneebesen geben und 3 bis 4 Minuten lang auf hoher Stufe schlagen, bis die Mischung locker und blassgelb ist und die Form eines Bandes erreicht hat. (Nehmen Sie den Schneebesen ab, tauchen Sie ihn in die geschlagenen Eier und bewegen Sie ihn wie ein Pendel hin und her: Die Mischung sollte ein verdicktes, seidiges Band bilden, das in den Teig fällt und dann darin verschwindet.) Wenn die Mischung keine Bänder bildet, fahren Sie fort Nach Bedarf auf höchster Stufe aufschlagen.

e) Ersetzen Sie den Schneebesen durch den Rühraufsatz. Geben Sie die Schokoladenmischung in die Eier und vermischen Sie sie kurz auf niedriger Stufe. Erhöhen Sie dann die Geschwindigkeit auf mittlere Stufe und schlagen Sie die Mischung 1 Minute lang oder bis sie braun und vollständig homogen ist. Wenn dunkle Schokoladenstreifen vorhanden sind, paddeln Sie noch ein paar Sekunden oder nach Bedarf weiter. Kratzen Sie die Seiten der Schüssel ab.

f) Mehl, Kakaopulver und Salz hinzufügen und bei niedriger Geschwindigkeit 45 bis 60 Sekunden lang rühren. Es sollten keine Klumpen trockener Zutaten vorhanden sein. Wenn Klumpen vorhanden sind, mischen Sie weitere 30 Sekunden lang. Kratzen Sie die Seiten der Schüssel ab.

g) Geben Sie die Sahne bei niedriger Geschwindigkeit hinzu und verrühren Sie sie 30 bis 45 Sekunden lang, bis sich der Teig etwas gelockert hat und die weißen Streifen der Sahne vollständig vermischt sind. Kratzen Sie die Seiten der Schüssel ab.

h) Nehmen Sie den Rühraufsatz ab und nehmen Sie die Schüssel vom Mixer. Die 45 g (¼ Tasse) Grahamkruste vorsichtig mit einem Spatel unterheben.

i) Schnappen Sie sich ein Blech und legen Sie Ihre Kuchenform mit Grahamkruste darauf. Mit einem Spatel den Brownie-Teig in die Grahamschale kratzen. 25 Minuten backen. Der Kuchen sollte an den Rändern leicht aufgehen und oben eine zuckerhaltige Kruste bilden. Wenn der Brownie-Kuchen in der Mitte noch flüssig ist und keine Kruste gebildet hat, backen Sie ihn weitere etwa 5 Minuten.

j) Den Kuchen auf einem Gitter abkühlen lassen. (Sie können den Abkühlvorgang beschleunigen, indem Sie den Kuchen vorsichtig direkt aus dem Ofen in den Kühl- oder Gefrierschrank stellen, wenn Sie es eilig haben.) In Plastik eingewickelt bleibt der Kuchen im Kühlschrank bis zu 1 Woche frisch im Gefrierschrank bis zu 2 Wochen haltbar.

## 14. Graßhüpferkuchen

Ergibt 1 (25 cm) Kuchen; FÜR 8 BIS 10 PERSONEN

**ZUTATEN:**
- 1 Portion Brownie Pie, zubereitet in Schritt 8
- 1 Portion Minz-Käsekuchenfüllung
- 20 g Mini-Schokoladenstückchen [2 Esslöffel]
- 25 g Mini-Marshmallows [½ Tasse]
- 1 Portion Minzglasur, warm

**Richtungen**
a) Heizen Sie den Ofen auf 350 °F vor.
b) Schnappen Sie sich ein Blech und legen Sie Ihre Kuchenform mit Grahamkruste darauf. Gießen Sie die Minz-Käsekuchenfüllung in die Schale. Den Brownie-Teig darüber gießen. Mit der Spitze eines Messers den Teig und die Minzfüllung verschwenken und Streifen der Minzfüllung herausziehen, sodass sie durch den Brownie-Teig sichtbar sind.
c) Streuen Sie die Mini-Schokoladenstückchen in einen kleinen Ring in der Mitte des Kuchens und lassen Sie die Mitte des Volltreffers frei. Streuen Sie die Mini-Marshmallows ringförmig um den Ring aus Schokoladenstückchen.
d) Den Kuchen 25 Minuten backen. An den Rändern sollte es leicht aufgehen, in der Mitte aber noch wackelig sein. Die Mini-Schokoladenstückchen sehen aus, als würden sie anfangen zu schmelzen, und die Mini-Marshmallows sollten gleichmäßig gebräunt sein. Wenn dies nicht der Fall ist, lassen Sie den Kuchen weitere 3 bis 4 Minuten im Ofen.
e) Lassen Sie den Kuchen vollständig abkühlen, bevor Sie ihn fertig backen.
f) Stellen Sie sicher, dass sich Ihre Glasur noch warm anfühlt. Tauchen Sie die Zinken einer Gabel in die warme Glasur und lassen Sie die Gabel dann etwa 2,5 cm über der Mitte des Kuchens baumeln.
g) Stellen Sie den Kuchen in den Kühlschrank, damit die Minzglasur vor dem Servieren fester wird – was geschieht, sobald er kalt ist, etwa 15 Minuten. In Plastik eingewickelt

bleibt der Kuchen bis zu 1 Woche im Kühlschrank oder bis zu 2 Wochen im Gefrierschrank frisch.

## 15. Blondie-Kuchen

Ergibt 1 (25 cm) Kuchen; FÜR 8 BIS 10 PERSONEN

**ZUTATEN:**
- ¾ Portion Graham Crust
- [255 g (1½ Tassen)]
- 1 Portion Blondie-Pie-Füllung
- 1 Portion Cashew-Praline

**FÜR DIE FÜLLUNG**
- 160 g weiße Schokolade [5½ Unzen]
- 55 g Butter [4 Esslöffel (½ Stange)]
- 2 Eigelb
- 40 g Zucker [3 Esslöffel]
- 105 g Sahne [½ Tasse]
- 52 g Mehl [⅓ Tasse]
- ½ Portion Cashewkrokant
- 4 g koscheres Salz [1 Teelöffel]

**Richtungen**

a) Kombinieren Sie die weiße Schokolade und die Butter in einer mikrowellengeeigneten Schüssel und schmelzen Sie sie vorsichtig in 30-Sekunden-Schritten auf mittlerer Stufe, wobei Sie zwischen den Stößen umrühren. Sobald die Mischung geschmolzen ist, verquirlen Sie sie, bis eine glatte Masse entsteht.

b) Eigelb und Zucker in eine mittelgroße Schüssel geben und glatt rühren. Die weiße Schokoladenmischung dazugeben und verrühren. Die Sahne langsam einrieseln lassen und verrühren.

c) Mehl, Cashewkrokant und Salz in einer kleinen Schüssel verrühren und vorsichtig unter die Füllung heben. Sofort verwenden oder in einem luftdichten Behälter bis zu 2 Wochen im Kühlschrank aufbewahren.

**FÜR DIE FÜLLUNG**

d) Heizen Sie den Ofen auf 325 °F vor.

e) Geben Sie die Graham-Kruste in eine 25 cm große Kuchenform. Drücken Sie den Boden mit den Fingern und Handflächen fest in die Kuchenform und bedecken Sie dabei den Boden und die

Seiten gleichmäßig. Während der Füllung beiseite stellen. In Plastik eingewickelt kann die Kruste bis zu 2 Wochen gekühlt oder eingefroren werden.

f)  Stellen Sie die Kuchenform auf ein Blech und gießen Sie die Blondie-Pie-Füllung hinein. Den Kuchen 30 Minuten backen. Es wird in der Mitte etwas fester und dunkler. Wenn dies nicht der Fall ist, fügen Sie 3 bis 5 Minuten hinzu. Auf Raumtemperatur abkühlen lassen.

g)  Kurz vor dem Servieren die Oberseite des Kuchens mit der Cashew-Praliné bedecken.

## 16. Schokoriegelkuchen

Ergibt 1 (25 cm) Kuchen; FÜR 8 PERSONEN

**ZUTATEN:**
- 1 Portion salziges Karamell, geschmolzen
- 1 Portion Schokoladenkruste, gekühlt
- 8 Mini-Brezeln
- 1 Portion Erdnussbutter-Nougat
- 45 g 55 % Schokolade [1½ Unzen]
- 45 g weiße Schokolade [1½ Unzen]
- 20 g Traubenkernöl [2 Esslöffel]

**Richtungen**
a) Gießen Sie das salzige Karamell in die Kruste. Stellen Sie es wieder in den Kühlschrank, damit es mindestens 4 Stunden oder über Nacht fest wird.
b) Heizen Sie den Ofen auf 300 °F vor.
c) Die Brezeln auf einem Blech verteilen und 20 Minuten rösten. Zum Abkühlen beiseite stellen.
d) Holen Sie den Kuchen aus dem Kühlschrank und bedecken Sie die Oberfläche des gehärteten Karamells mit dem Nougat. Drücken Sie den Nougat mit den Handflächen nach unten und glätten Sie ihn zu einer gleichmäßigen Schicht. Den Kuchen wieder in den Kühlschrank stellen und das Nougat 1 Stunde lang fest werden lassen.
e) Machen Sie eine Schokoladenglasur, indem Sie die Pralinen und das Öl in einer mikrowellengeeigneten Schüssel vermischen und sie in 30-Sekunden-Schritten auf mittlerer Stufe vorsichtig schmelzen, wobei Sie zwischen den Stößen umrühren. Sobald die Schokolade geschmolzen ist, verrühren Sie die Mischung, bis sie glatt und glänzend ist. Verwenden Sie die Glasur noch am selben Tag oder lagern Sie sie bis zu 3 Wochen in einem luftdichten Behälter bei Raumtemperatur.
f) Beenden Sie den Kuchen: Nehmen Sie ihn aus dem Kühlschrank und streichen Sie mit einem Backpinsel eine dünne Schicht Schokoladenglasur über das Nougat, sodass es vollständig bedeckt ist. (Wenn die Glasur fest geworden ist, erwärmen Sie

sie vorsichtig, damit Sie sie leichter auf den Kuchen auftragen können.) Verteilen Sie die Brezeln gleichmäßig an den Rändern des Kuchens. Tragen Sie mit dem Backpinsel die restliche Schokoladenglasur in einer dünnen Schicht auf die Brezeln auf und bewahren Sie so ihre Frische und ihren Geschmack.

g) Stellen Sie den Kuchen mindestens 15 Minuten lang in den Kühlschrank, damit die Schokolade fest wird. In Plastik eingewickelt bleibt der Kuchen im Kühlschrank 3 Wochen oder im Gefrierschrank bis zu 2 Monate frisch; Vor dem Servieren auftauen.

a) Schneiden Sie den Kuchen in 8 Scheiben, wobei Sie sich an den Brezeln orientieren: Auf jeder Scheibe sollte eine ganze Brezel sein.

## 17. Zitronen-Baiser-Pistazien-Torte

Ergibt 1 (25 cm) Kuchen; FÜR 8 BIS 10 PERSONEN

**ZUTATEN:**
- 1 Portion Pistazien-Crunch
- 15 g weiße Schokolade, geschmolzen [½ Unze]
- ¼ Portion Lemon Curd [305 g (1⅓ Tassen)]
- 200 g Zucker [1 Tasse]
- 100 g Wasser [½ Tasse]
- 3 Eiweiß
- ⅓ Portion Lemon Curd [155 g (¼ Tasse)]

**Richtungen**

a) Den Pistazien-Crunch in eine 25 cm große Kuchenform füllen. Drücken Sie den Crunch mit den Fingern und Handflächen fest in die Kuchenform und achten Sie darauf, dass der Boden und die Seiten gleichmäßig bedeckt sind. Während der Füllung beiseite stellen; In Plastik eingewickelt kann die Kruste bis zu 2 Wochen im Kühlschrank aufbewahrt werden.

b) Tragen Sie mit einem Backpinsel eine dünne Schicht weißer Schokolade auf den Boden und die Seiten der Kruste auf. Legen Sie die Kruste für 10 Minuten in den Gefrierschrank, damit die Schokolade fest wird.

c) Geben Sie 305 g (1⅓ Tassen) Lemon Curd in eine kleine Schüssel und rühren Sie um, um es etwas aufzulockern. Kratzen Sie den Zitronenquark zu einer Kruste und verteilen Sie ihn mit der Rückseite eines Löffels oder Spatels in einer gleichmäßigen Schicht. Legen Sie den Kuchen etwa 10 Minuten lang in den Gefrierschrank, damit die Zitronenquarkschicht fester wird.

d) In der Zwischenzeit den Zucker und das Wasser in einem kleinen Topf mit starkem Boden vermischen und den Zucker vorsichtig im Wasser verteilen, bis er sich wie nasser Sand anfühlt. Stellen Sie den Topf auf mittlere Hitze und erhitzen Sie die Mischung auf 115 °C (239 °F). Beobachten Sie dabei die Temperatur mit einem Schnellanzeige- oder Zuckerthermometer.

e) Während der Zucker erhitzt wird, geben Sie das Eiweiß in die Schüssel einer Küchenmaschine und schlagen Sie es mit dem Schneebesenaufsatz zu mittelweichen Spitzen auf.

f) Sobald der Zuckersirup 115 °C (239 °F) erreicht hat, nehmen Sie ihn vom Herd und gießen Sie ihn vorsichtig in das aufgeschlagene Eiweiß. Vermeiden Sie dabei den Schneebesen: Drehen Sie den Mixer vorher auf eine sehr niedrige Geschwindigkeit , es sei denn, Sie möchten interessante Brandflecken im Gesicht haben.

g) Sobald der gesamte Zucker erfolgreich zum Eiweiß hinzugefügt wurde, erhöhen Sie die Geschwindigkeit des Mixers wieder und lassen Sie das Baiser schlagen, bis es auf Raumtemperatur abgekühlt ist.

h) Während das Baiser aufschlägt, geben Sie 155 g (¼ Tasse) Lemon Curd in eine große Schüssel und rühren Sie mit einem Spatel um, um es etwas aufzulockern.

i) Wenn das Baiser auf Raumtemperatur abgekühlt ist, schalten Sie den Mixer aus, nehmen Sie die Schüssel heraus und heben Sie das Baiser mit dem Spatel unter den Zitronenquark, bis keine weißen Streifen mehr vorhanden sind. Achten Sie dabei darauf, dass das Baiser nicht Luft verliert.

j) Nehmen Sie den Kuchen aus dem Gefrierschrank und geben Sie das Zitronenbaiser auf den Lemon Curd. Mit einem Löffel das Baiser gleichmäßig verteilen und den Lemon Curd vollständig bedecken.

k) Servieren Sie den Kuchen oder bewahren Sie ihn bis zur Verwendung im Gefrierschrank auf. Wenn es fest gefroren ist, ist es fest in Plastikfolie eingewickelt und bis zu 3 Wochen im Gefrierschrank haltbar. Lassen Sie den Kuchen vor dem Servieren über Nacht im Kühlschrank oder mindestens 3 Stunden bei Zimmertemperatur auftauen.

## 18. **Knackkuchen**

Ergibt 2 (25 cm) Kuchen; FÜR 8 BIS 10 PERSONEN

**ZUTATEN:**
- 1 Portion Haferkekse
- 15 g hellbrauner Zucker [1 Esslöffel dicht gepackt]
- 1 g Salz [¼ Teelöffel]
- 55 g Butter, geschmolzen oder nach Bedarf [4 Esslöffel (½ Stange)]
- 1 Portion Crack Pie Füllung
- Puderzucker zum Bestäuben

**FÜR DIE FÜLLUNG**
- 300 g Kristallzucker [1½ Tassen]
- 180 g hellbrauner Zucker [¾ Tasse dicht gepackt]
- 20 g Milchpulver [¼ Tasse]
- 24 g Maispulver [¼ Tasse]
- 6 g koscheres Salz [1½ Teelöffel]
- 225 g Butter, geschmolzen [16 Esslöffel (2 Stangen)]
- 160 g Sahne [¾ Tasse]
- 2 g Vanilleextrakt [½ Teelöffel]
- 8 Eigelb

**Richtungen**

a) Heizen Sie den Ofen auf 350 °F vor.
b) Geben Sie die Haferkekse, den braunen Zucker und das Salz in eine Küchenmaschine und zerkleinern Sie die Mischung immer wieder, bis der Keks in feuchten Sand zerfällt. (Wenn Sie keine Küchenmaschine haben, können Sie den Keks bis zum fertigen Keks zubereiten und den Haferkeks vorsichtig mit den Händen zerkrümeln.)
c) Geben Sie die Krümel in eine Schüssel, fügen Sie die Butter hinzu und kneten Sie die Mischung aus Butter und gemahlenen Keksen, bis sie feucht genug ist, um eine Kugel zu formen. Wenn es noch nicht feucht genug ist, schmelzen Sie zusätzlich 14 bis 25 g (1 bis 1½ Esslöffel) Butter und kneten Sie es unter.
d) Verteilen Sie die Haferkruste gleichmäßig auf 2 (25 cm) große Kuchenformen. Drücken Sie die Haferplätzchenkruste mit Ihren Fingern und Handflächen fest in jede Kuchenform und achten

Sie darauf, dass der Boden und die Seiten der Form gleichmäßig bedeckt sind. Die Tortenböden sofort verwenden oder gut in Plastik einwickeln und bis zu 5 Tage bei Raumtemperatur oder bis zu 2 Wochen im Kühlschrank aufbewahren.

e) Beide Tortenböden auf ein Blech legen. Die Crack-Pie-Füllung gleichmäßig auf die Krusten verteilen; Die Füllung sollte sie zu drei Vierteln füllen. Nur 15 Minuten backen. Die Pasteten sollten oben goldbraun sein, aber noch sehr wackelig sein.

f) Öffnen Sie die Ofentür und reduzieren Sie die Ofentemperatur auf 325 °F. Abhängig von Ihrem Ofen kann es 5 Minuten oder länger dauern, bis der Ofen auf die neue Temperatur abgekühlt ist. Lassen Sie die Kuchen während dieses Vorgangs im Ofen. Wenn der Ofen 325 °F erreicht hat, schließen Sie die Tür und backen Sie die Kuchen noch 5 Minuten lang. Die Pasteten sollten in der Mitte, aber nicht an den Außenkanten, noch wackelig sein. Wenn die Füllung immer noch zu wackelig ist, lassen Sie die Pasteten noch etwa 5 Minuten im Ofen.

g) Nehmen Sie die Form mit den Crack Pies vorsichtig aus dem Ofen und stellen Sie sie auf ein Gestell, um sie auf Raumtemperatur abzukühlen. (Sie können den Abkühlvorgang beschleunigen, indem Sie die Kuchen vorsichtig in den Kühl- oder Gefrierschrank stellen, wenn Sie es eilig haben.) Anschließend lassen Sie Ihre Kuchen mindestens drei Stunden oder über Nacht einfrieren, um die Füllung zu verdichten und ein dichtes Endprodukt zu erhalten. Das Einfrieren ist die charakteristische Technik und das Ergebnis eines perfekt zubereiteten Crack Pies.

h) Wenn Sie die Kuchen nicht sofort servieren, wickeln Sie sie gut in Plastikfolie ein. Im Kühlschrank bleiben sie 5 Tage frisch; Im Gefrierschrank sind sie 1 Monat haltbar. Übertragen Sie den/die Kuchen aus dem Gefrierschrank in den Kühlschrank, um ihn mindestens eine Stunde lang aufzutauen, bevor Sie ihn verwenden können.

i) Servieren Sie Ihren Crack Pie kalt! Dekorieren Sie Ihre(n) Kuchen mit Puderzucker, indem Sie ihn entweder durch ein feines Sieb streichen oder mit den Fingern eine Prise davon verteilen.

**FÜR DIE FÜLLUNG**

j) Zucker, braunen Zucker, Milchpulver, Maispulver und Salz in die Schüssel einer Küchenmaschine mit Rühraufsatz geben und bei niedriger Geschwindigkeit gleichmäßig vermischen.

k) Die geschmolzene Butter hinzufügen und 2 bis 3 Minuten lang rühren, bis alle trockenen Zutaten feucht sind.

l) Geben Sie die Sahne und die Vanille hinzu und rühren Sie 2 bis 3 Minuten lang auf niedriger Stufe weiter, bis alle weißen Streifen der Sahne vollständig in der Mischung verschwunden sind. Kratzen Sie die Seiten der Schüssel mit einem Spatel ab.

m) Fügen Sie das Eigelb hinzu und rühren Sie es in die Mischung, bis es gut vermischt ist. Achten Sie darauf, die Mischung nicht zu belüften, aber stellen Sie sicher, dass die Mischung glänzend und homogen ist. Bei niedriger Geschwindigkeit mixen, bis es fertig ist.

n) Die Füllung sofort verwenden oder in einem luftdichten Behälter bis zu 1 Woche im Kühlschrank aufbewahren.

### 19. Zuckermais-Müsli-Milch-Eiscremetorte

Ergibt 1 (25,4 cm) Kuchen; FÜR 8 BIS 10 PERSONEN

**ZUTATEN:**
- 225 g Maiskekse [ca. 3 Kekse]
- 25 g Butter, geschmolzen oder nach Bedarf [2 Esslöffel]
- 1 Portion Zuckermais-Getreidemilch-„Eiscreme"-Füllung

**Richtungen**

a) Geben Sie die Maiskekse in die Küchenmaschine und zerkleinern Sie sie, bis die Kekse zu leuchtend gelbem Sand zerkrümelt sind.

b) In einer Schüssel die Mischung aus Butter und gemahlenen Keksen von Hand kneten, bis sie feucht genug ist, um eine Kugel zu formen. Sollte die Masse noch nicht feucht genug sein, weitere 14 g (1 Esslöffel) Butter schmelzen und unterkneten.

c) Drücken Sie die Maiskekskruste mit Ihren Fingern und Handflächen fest in einen 10-Zoll-Tortenteller. Stellen Sie sicher, dass der Boden und die Wände des Tortentellers gleichmäßig bedeckt sind. In Plastik eingewickelt kann die Kruste bis zu 2 Wochen eingefroren werden.

d) Schaben Sie mit einem Spatel die Müslimilch-„Eiscreme"-Füllung ab und verteilen Sie sie in der Tortenform. Klopfen Sie den gefüllten Kuchen gegen die Arbeitsfläche, um die Füllung gleichmäßig zu verteilen.

e) Frieren Sie den Kuchen mindestens 3 Stunden lang ein oder bis das „Eis" gefroren und fest genug zum Schneiden und Servieren ist. Wenn Sie Ihre himmlischen Stücke für später aufbewahren möchten, können Sie die in Plastik eingewickelte Eistorte bis zu zwei Wochen lang einfrieren.

## 20. Cremiger Ricotta-Kuchen

Macht: 6

**ZUTATEN:**
- 1 im Laden gekaufter Tortenboden
- 1 ½ Pfund Ricotta-Käse
- ½ Tasse Mascarpone-Käse
- 4 geschlagene Eier
- ½ Tasse weißer Zucker
- 1 Esslöffel Brandy

**ANWEISUNGEN:**
a) Ofen auf 350 Grad Fahrenheit vorheizen.
b) Alle **ZUTATEN FÜR DIE FÜLLUNG** in einer Rührschüssel vermischen. Anschließend die Mischung in die Kruste gießen.
c) Den Ofen auf 350 °F vorheizen und 45 Minuten backen.
d) Stellen Sie den Kuchen vor dem Servieren mindestens 1 Stunde lang in den Kühlschrank.

## 21. Cashew-Bananen-Creme-Torte

Ergibt 8 Portionen

### ZUTATEN:
- 1 1/2 Tassen vegane Vanille-Kekskrümel
- 1/4 Tasse vegane Margarine, geschmolzen
- 1/2 Tasse ungesalzene rohe Cashewnüsse
- 1 (13 Unzen) Dose ungesüßte Kokosmilch
- 2/3 Tasse Zucker
- reife Bananen
- 1 Esslöffel Agarflocken
- 1 Teelöffel reiner Vanilleextrakt
- 1 Teelöffel Kokosextrakt (optional)
- Vegane Schlagsahne, selbstgemacht oder im Laden gekauft, und geröstete Kokosnuss zum Garnieren

### ANWEISUNGEN:
a) Den Boden und die Seiten einer 20 cm großen Springform oder eines Tortentellers leicht einölen und beiseite stellen. In einer Küchenmaschine die Kekskrümel und die Margarine vermischen und zerkleinern, bis die Krümel feucht sind. Drücken Sie die Krümelmischung auf den Boden und die Seiten der vorbereiteten Pfanne. Bis zur Verwendung im Kühlschrank aufbewahren.

b) Mahlen Sie die Cashewnüsse in einem Hochgeschwindigkeitsmixer zu Pulver. Kokosmilch, Zucker und eine der Bananen hinzufügen und glatt rühren. Die Mischung in einen Topf geben, die Agarflocken hinzufügen und 10 Minuten ruhen lassen, damit das Agar weich wird. Zum Kochen bringen, dann die Hitze reduzieren und unter ständigem Rühren etwa 3 Minuten köcheln lassen, um das Agar aufzulösen. Vom Herd nehmen und Zitronensaft, Vanille und Kokosextrakt (falls verwendet) einrühren. Beiseite legen.

c) Schneiden Sie die restlichen 2 Bananen in 1/4-Zoll-Scheiben und verteilen Sie sie gleichmäßig auf dem Boden der vorbereiteten Bananen

d) Pfanne. Die Cashew-Bananen-Mischung in der Pfanne verteilen und kühl stellen, bis sie gut abgekühlt ist. Zum Servieren mit

Schlagsahne und gerösteter Kokosnuss garnieren. Reste abgedeckt im Kühlschrank aufbewahren.

## 22. Erdnussbutter-Eiscremetorte

Ergibt 8 Portionen

## ZUTATEN:
- 1 1/2 Tassen vegane Schokoladenkekskrümel
- 1/4 Tasse vegane Margarine, geschmolzen
- 1 Liter veganes Vanilleeis, weich
- 2 Tassen cremige Erdnussbutter
- Vegane Schokolocken zum Garnieren

## ANWEISUNGEN:
a) Den Boden und die Seiten einer 9-Zoll-Springform leicht einölen und beiseite stellen. In einer Küchenmaschine die Kekskrümel und die Margarine vermischen und verarbeiten, bis die Krümel feucht sind. Drücken Sie die Krümelmischung in die vorbereitete Form und drücken Sie sie auf den Boden und die Seiten der Form. Bis zur Verwendung im Kühlschrank aufbewahren.

b) In einer Küchenmaschine das Eis und die Erdnussbutter vermischen, bis alles gut vermischt ist. Verteilen Sie die Mischung gleichmäßig auf dem vorbereiteten Boden.

c) 3 Stunden oder über Nacht einfrieren. Bringen Sie den Kuchen für 5 Minuten auf Zimmertemperatur und entfernen Sie vorsichtig die Ränder der Springform. Schokoladenröllchen über den Kuchen streuen und servieren.

**23.   Boston- Cream-Torte**

Ergibt: 1 Portion

**ZUTATEN:**
- 1 Tasse Milch
- ½ Tasse Kristallzucker
- 3 Esslöffel Mehl
- ⅛ Teelöffel Salz
- 2 Eigelb
- 1½ Teelöffel Vanille
- 2 8-Zoll-Schichten Boston Favorite Kuchen (siehe MM #3607)
- Puderzucker

**ANWEISUNGEN:**

a) Erhitzen Sie die Milch in einem Topf, bis sie sehr heiß ist, und rühren Sie dann den Kristallzucker, das Mehl und das Salz zügig ein. Bei mäßiger Hitze unter ständigem Rühren kochen, bis eine sehr dicke Masse entsteht.

b) Das Eigelb dazugeben und unter ständigem Rühren weitere 4-5 Minuten kochen lassen. Vom Herd nehmen, die Vanille hinzufügen und unter gelegentlichem Rühren abkühlen lassen. Gut abdecken und bis zur Verwendung im Kühlschrank aufbewahren.

c) Verteilen Sie die Vanillesoße zwischen den Kuchenschichten und bestäuben Sie die Oberseite des Kuchens mit Puderzucker. Tiefgekühlt lagern.

# Handkuchen

## 24. S'mores Hand Pies

Ergibt: 8 Hand Pies

**ZUTATEN:**
- 1 Pck. (2 Krusten) gekühlte ungekochte Kuchenkrusten
- 2 EL. plus 2 TL. geschmolzene Butter
- 1 Tasse Marshmallow-Aufstrich
- 4 Doppel-Graham-Cracker, zerkrümelt
- 1 Tasse halbsüße Schokoladenstückchen
- 1 großes Ei, leicht geschlagen

**ANWEISUNGEN:**
a) Heizen Sie den Ofen auf 171 °C (340 °F) vor.
b) Zwei Backbleche mit Backpapier auslegen und beiseite stellen.
c) Die Tortenböden auf eine bemehlte Arbeitsfläche legen und mit einem Nudelholz leicht ausrollen. Verwenden Sie eine kleine, umgedrehte Schüssel mit einem 6-Zoll-Durchmesser. (15 cm) Durchmesser in den Teig drücken, um 8 Kreise auszustechen. Jeden Kreis mit 1 Teelöffel Butter bestreichen.
d) Auf jeden Kreis 2 Esslöffel Marshmallow-Aufstrich geben. Verteilen Sie die Graham-Cracker-Krümel gleichmäßig auf der Hälfte aller acht Kreise und lassen Sie dabei einen Rand von ½ Zoll (1,25 cm) frei. Jeweils mit halbsüßen Schokoladenstückchen belegen.
e) Mit einem Backpinsel die Ränder der Kreise mit Ei bestreichen. Falten Sie die Kreise darüber und drücken Sie sie fest, um sie zu verschließen. Machen Sie mit einer Gabel Vertiefungen rund um die Kruste. Machen Sie mit einem scharfen Messer Öffnungen für den Dampf.
f) 12 bis 14 Minuten backen oder bis es goldbraun ist. Vor dem Servieren etwas abkühlen lassen.
g) Lagerung: In einem luftdichten Behälter bei Raumtemperatur bis zu 3 Tage aufbewahren.

## 25. Blaubeer-Handpasteten

Macht: 8

**ZUTATEN:**
- 1 Tasse Blaubeeren
- 2½ Esslöffel Puderzucker
- 1 Teelöffel Zitronensaft
- 1 Prise Salz
- 320 g gekühlter Tortenboden
- Wasser

**ANWEISUNGEN:**
a) Blaubeeren, Zucker, Zitronensaft und Salz in einer mittelgroßen Rührschüssel vermischen.
b) Den Tortenboden ausrollen und 6-8 einzelne Kreise ausstechen.
c) In die Mitte jedes Kreises etwa 1 Löffel der Blaubeerfüllung geben.
d) Befeuchten Sie die Ränder des Teigs und falten Sie ihn über die Füllung, sodass eine Halbmondform entsteht.

e) Drücken Sie die Ränder des Kuchenbodens vorsichtig mit einer Gabel zusammen. Dann oben in die Handpasteten drei Schlitze schneiden.
f) Sprühen Sie Speiseöl über die Handpasteten.
g) Legen Sie sie auf die SearPlate.
h) Schalten Sie den Heißluftfritteuse-Ofen ein und drehen Sie den Knopf, um „Backen" auszuwählen.
i) Wählen Sie den Timer für 20 Minuten und die Temperatur für 350 °F.
j) Wenn das Gerät mit einem Signalton anzeigt, dass es vorgeheizt ist, öffnen Sie die Ofentür und legen Sie die SearPlate in den Ofen ein.
k) Vor dem Servieren zwei Minuten abkühlen lassen.

## 26. Erdbeer-Handkuchen

Ergibt: 1 Portion

**ZUTATEN:**
- 1 Stange Butter
- 1¼ Tasse Zucker
- 1 Ei
- 3 Unzen Frischkäse
- 2 Teelöffel Buttermilch
- 3 Tassen Allzweckmehl
- ¼ Teelöffel Backpulver
- 1 Teelöffel Backpulver
- ½ Teelöffel Salz
- 1 Tasse Erdbeerkonfitüre
- 2 Tassen gewürfelte frische Erdbeeren
- 1 Teelöffel Zitronensaft
- 2 Teelöffel Zitronenschale

**ANWEISUNGEN:**
a) Für den Teig Butter und Zucker mit einem Elektromixer cremig rühren. Ei und Frischkäse dazugeben und gut vermischen.
b) Die Buttermilch dazugeben und verrühren. Das Mehl langsam unterrühren, bis ein Teig entsteht. Fügen Sie Natron, Backpulver und Salz hinzu. Gut vermischen und dann den Teig mit den Händen zu einer Kugel kneten.
c) Den Teig 1 Stunde kühl stellen. Um die Kuchen zuzubereiten, rollen Sie den Teig aus und schneiden Sie sechs 6-Zoll-Kreise aus. Bereiten Sie die Füllung vor, indem Sie Erdbeerkonfitüre, frische Erdbeeren, Zitronensaft und Zitronenschale vermischen. Geben Sie 3 Esslöffel Füllung auf eine Seite jedes Teigkreises. Falten Sie ihn Mit der sauberen Seite darüber legen und die Ränder mit einer Gabel zusammendrücken.
d) 20 Minuten bei 375 Grad backen, bis es goldbraun ist.

## 27. __Apfelkuchen__

Ergibt: 8-10 Hand Pies

**ZUTATEN:**
- 2 Tassen Allzweckmehl
- 1 Teelöffel Salz
- 1 Esslöffel Zucker
- 3/4 Stick (3/4 Tasse) Gemüsefett, gewürfelt
- 4 bis 8 Esslöffel eiskaltes Wasser

**FÜR DIE FÜLLUNG**
- 2 große Backäpfel, geschält, entkernt und gewürfelt
- 3 Esslöffel Kristallzucker
- 3 Esslöffel hellbrauner Zucker
- 1 1/2 Teelöffel Apfelkuchengewürz
- 1 Teelöffel Allzweckmehl

**ZUM TOPPEN**
- 1 großes Ei
- 1 Teelöffel Wasser
- Sekt, optional

**ANWEISUNGEN**
**FÜR DIE KRUSTE**

a) In einer großen Schüssel Mehl, Salz und Zucker vermischen.
b) Schneiden Sie das Backfett mit einem Teigmixer oder zwei Messern in die Mehlmischung.
c) Mit einer Gabel gerade so viel Wasser einrühren, bis der Teig zusammenhält.
d) Den Teig zu einer Kugel formen und zu einer runden Scheibe flach drücken. Um das Ausrollen zu erleichtern, wickeln Sie den Teig in Plastikfolie ein. 30 Minuten oder bis zu 2 Tage kalt stellen.
e) Sobald der Teig abgekühlt ist und Sie bereit sind, die Pasteten zusammenzustellen, heizen Sie den Ofen auf 400 °F vor, legen Sie ein Backblech mit Backpapier aus und bereiten Sie die Füllung vor.

**FÜR DIE FÜLLUNG**

f) In einer mittelgroßen Schüssel die Äpfel mit dem Zucker, dem Apfelkuchengewürz und dem Mehl vermischen.

**STELLEN SIE DIE TORTEN ZUSAMMEN**

g) Den Teig aus dem Kühlschrank nehmen und aus der Plastikfolie nehmen.
h) Rollen Sie den Teig auf einer großzügig bemehlten Arbeitsfläche aus, bis er etwa 3 mm dick ist.
i) Schneiden Sie den Teig mit einem runden 5-Zoll-Ausstecher in Kreise aus. Rollen Sie den Teig nach Bedarf erneut aus, sodass 8–10 Kreise entstehen.
j) Einen gehäuften Esslöffel Füllung in die Mitte jedes Teigkreises geben und so viel Flüssigkeit wie möglich zurücklassen.
k) Falten Sie den Teigkreis in zwei Hälften und verschließen Sie die Ränder mit den Fingern oder einer Gabel.
l) Handpasteten auf das vorbereitete Backblech legen.
m) In einer kleinen Schüssel Ei und Wasser verquirlen.
n) Schneiden Sie mit der Spitze eines scharfen Messers zwei kleine Schlitze in die Oberseite jedes Kuchens.
o) Benutzen Sie einen Backpinsel, um die Oberseite der Handpasteten leicht mit der Eiermasse zu bestreichen. Nach Belieben mit Kristallzucker bestreuen.
p) Im vorgeheizten Zustand 20–25 Minuten backen, bis sie goldbraun sind.
q) Handpasteten abkühlen lassen. Auf Wunsch mit hausgemachter gesalzener Karamellsauce servieren.

# FRUCHTKUCHEN

## 28. Limettenkuchen

Macht: 8-10

## ZUTATEN:
### KRUSTE:
- 2 Tassen Macadamianüsse
- 2 Tassen Pekannüsse
- 2 Prisen Salz
- 2-3 Esslöffel Dattelpaste

### FÜLLUNG
- 1 Tasse Limettensaft
- 1 Teelöffel Grünfutter (optional)
- 1 Tasse Avocado-Feuchtmaß
- 1 ½ Tassen Kokosmilch
- 1 Tasse Agavennektar
- 3 Esslöffel Lecithinsalz und Vanille nach Geschmack
- 1 Tasse unparfümiertes Kokosöl

### MERINGUE-TOPPING
- 1 Unze. (¼ verpackte Tasse) eingeweichtes und gewaschenes Seemoos
- ½ Tasse Wasser
- 2 Tassen Kokosmilch
- ½ Tasse Kokosnussfleisch
- ½ Tasse eingeweichte Cashewnüsse
- 6 Esslöffel Agave
- Salz und Vanille nach Geschmack
- 1 ½ Esslöffel Lecithin
- 1 Tasse Kokosöl (parfümfrei)

## ANWEISUNGEN:
### KRUSTE:
a) Alle Zutaten in eine Küchenmaschine geben und pürieren, bis eine glatte Masse entsteht.
b) In eine Tortenplatte drücken und im Kühlschrank lagern, bis es fest ist.

### FÜLLUNG

c) Machen Sie Kokosmilch, indem Sie junges Kokosnusswasser mit dem Fleisch vermischen.
d) Alles glatt rühren.
e) In den Tortenboden gießen und im Kühlschrank fest werden lassen.

**MERINGUE-TOPPING**

f) Das Moos 30 Minuten bis 3 Stunden in gereinigtem Wasser einweichen, gut abspülen und abtropfen lassen.
g) Mischen Sie Meeresmoos und Wasser mindestens 30 Sekunden lang oder bis es zersetzt ist.
h) Die restlichen **ZUTATEN** ( außer Lecithin und Kokosnussöl) hinzufügen und verrühren, bis alles gut eingearbeitet ist.
i) Während des Mixens Lecithin und Kokosöl dazugeben, bis eine glatte und cremige Masse entsteht.
j) In eine Schüssel füllen und im Kühlschrank aufbewahren, bis es eindickt und sich kalt anfühlt.

## 29. Apfelkuchen aus der Pfanne

Ergibt: 8 Ergibt: 1 Apfelkuchen

- ½ Tasse Butter
- 1 Tasse brauner Zucker
- 5 Granny-Smith-Äpfel, geschält, und in dünne Scheiben geschnitten
- 3 (9 Zoll) gekühlte vorgerollte Tortenböden
- 1 Tasse weißer Zucker, geteilt
- 2 Teelöffel gemahlener Zimt, geteilt
- ¼ Tasse weißer Zucker
- 1 Esslöffel Butter, in kleine Stücke schneiden

## Richtungen

a) Den Ofen auf 350 Grad F (175 Grad C) vorheizen.
b) Geben Sie eine halbe Tasse Butter in eine schwere Gusseisenpfanne und schmelzen Sie die Butter im Ofen. Entfernen Pfanne erhitzen und mit braunem Zucker bestreuen; Kehren Sie zum Erhitzen in den Ofen zurück, während Sie kochen bereite das … Vor Äpfel.
c) Nehmen Sie die Pfanne heraus und legen Sie einen gekühlten Tortenboden auf den braunen Zucker. Oben drauf Tortenboden mit der Hälfte der in Scheiben geschnittenen Äpfel.
d) Äpfel mit 1/2 Tasse Zucker bestreuen und 1 Teelöffel Zimt; Legen Sie einen zweiten Tortenboden über die Äpfel. Den zweiten Boden darauflegen Mit den restlichen Äpfeln vermischen und mit 1/2 Tasse Zucker und 1 Teelöffel Zimt bestreuen.
e) Mit der dritten Kruste belegen; Bestreuen Sie die obere Kruste mit 1/4 Tasse Zucker und streuen Sie 1 Tasse Zucker darüber Esslöffel Butter. Zum Dampfgaren 4 Schlitze in die obere Kruste schneiden.
f) Im vorgeheizten Ofen etwa 45 Minuten backen, bis die Äpfel weich und die Kruste goldbraun sind. Warm servieren.

## 30. Blaubeer-Rhabarber-Kuchen

Ergibt: 7 Portionen

**ZUTATEN:**
**KUCHEN FÜLLUNG:**
- 4 Tassen gehackter, frischer Rhabarber
- 2 Tassen frische Blaubeeren
- 2 Esslöffel geschmolzene Butter
- 1-⅓ Tasse weißer Zucker
- ⅔ Tasse vier

**CRUMBLE-TOP:**
- ½ Tasse (1 Stange) geschmolzene Butter
- 1 Tasse Mehl
- 1 Tasse Hafer
- 1 Tasse gepresster brauner Zucker
- 1 Teelöffel Zimt

**ANWEISUNGEN:**
**KUCHEN FÜLLUNG:**
a) Besprühen Sie den Boden einer 9 Zoll tiefen Kuchenform mit Spray.
b) Die Form mit einem Tortenboden auslegen. Wenn Sie einen Streuselboden herstellen, rillen Sie die Ränder der Kruste vor dem Füllen.
c) Verteilen Sie ¼ Tasse Mehl gleichmäßig auf dem Boden des Tortenbodens, bevor Sie die Tortenfüllung hinzufügen.
d) **ZUTATEN** für die Tortenfüllung vermischen und in den Tortenboden drücken.

**CRUMBLE-TOP:**
e) Alle Zutaten vermischen, bis alles gut vermischt und krümelig ist.

**BACKEN:**
f) Streuseloberteil zur Kuchenfüllung geben und gleichmäßig verteilen. Wenn Sie einen Tortenboden verwenden, legen Sie ihn über die gesamte Tortenfüllung und drücken Sie die Ränder des oberen Tortenbodens an den unteren Boden, wobei Sie die Ränder wellenförmig auslegen. Machen Sie Schlitze in die obere

Kruste, damit der Kuchen dämpfen kann. Besprühen Sie die obere Kruste mit Pfannenspray und bestreuen Sie sie gut mit 5 Esslöffeln Zucker im Rohzustand.

g) Mit Alufolie abdecken und 1 Stunde bei 350 Grad backen (weniger bei Verwendung eines Heißluftofens).

h) Lassen Sie den Kuchen vor dem Servieren vollständig abkühlen.

## 31. Apfelkuchen

Ergibt: 7 Portionen

## ZUTATEN:
### KUCHEN FÜLLUNG:
- 8 Granny-Smith-Äpfel, geschält und in Scheiben geschnitten (7 Äpfel, wenn die Äpfel sehr groß sind)
- 2 Esslöffel geschmolzene Butter
- ⅔ Tasse Mehl
- 1 Tasse weißer Zucker
- 1 Teelöffel Zimt

### CRUMBLE-TOP:
- ½ Tasse (1 Stange) geschmolzene Butter
- 1 Tasse Mehl
- 1 Tasse Hafer
- 1 Tasse gepresster brauner Zucker
- 1 Teelöffel Zimt

## ANWEISUNGEN:
### KUCHEN FÜLLUNG:
a) Besprühen Sie den Boden einer 9 Zoll tiefen Kuchenform mit Spray.
b) Die Form mit einem Tortenboden auslegen. Wenn Sie einen Streuselboden herstellen, rillen Sie die Ränder der Kruste vor dem Füllen.
c) Verteilen Sie ¼ Tasse Mehl gleichmäßig auf dem Boden des Tortenbodens, bevor Sie die Tortenfüllung hinzufügen.
d) **ZUTATEN** für die Tortenfüllung vermischen und in den Tortenboden drücken. Der Kuchen wird ziemlich groß sein.

### CRUMBLE-TOP:
e) Alle Zutaten vermischen, bis alles gut vermischt und krümelig ist.

### BACKEN:
f) Streuseloberteil zur Kuchenfüllung geben und gleichmäßig verteilen. Wenn Sie einen Tortenboden verwenden, legen Sie ihn über die gesamte Tortenfüllung und drücken Sie die Ränder

des oberen Tortenbodens an den unteren Boden, wobei Sie die Ränder wellenförmig auslegen.
g) Machen Sie Schlitze in die obere Kruste, damit der Kuchen dämpfen kann. Besprühen Sie die obere Kruste mit Pfannenspray und bestreuen Sie sie gut mit 5 Esslöffeln Zucker im Rohzustand.
h) Mit Alufolie abdecken und 1 Stunde lang bei 350 Grad backen (weniger bei Verwendung eines Heißluftofens).
i) Lassen Sie den Kuchen vor dem Servieren vollständig abkühlen.

## 32. Glutenfreier einfacher Kokosnusskuchen

Macht: 6-8

**ZUTATEN:**
- 1 Teelöffel Vanilleextrakt
- 2 Eier
- 1 1/2 Tassen Milch
- 1/2 Tasse Mönchsfrucht
- 1/2 Tasse Kokosmehl
- 1/4 Tasse Butter
- 1 Tasse Kokosraspeln

**ANWEISUNGEN:**
a) Alle **ZUTATEN** zu einem Teig vermischen.
b) Eine Tortenplatte mit Antihaftspray einfetten und mit dem Teig füllen.
c) In der Heißluftfritteuse bei 350 Grad 12 Minuten garen.

## 33. **Grapefruitkuchen**

Ergibt 1 (25 cm) Kuchen; FÜR 8 BIS 10 PERSONEN

**ZUTATEN:**
- 1 Portion ungebackener Ritz Crunch
- 1 Portion Grapefruit Passion Curd
- 1 Portion gesüßte kondensierte Grapefruit

**Richtungen**
a) Heizen Sie den Ofen auf 275 °F vor.
b) Drücken Sie den Ritz-Crunch in eine 10-Zoll-Kuchenform. Drücken Sie den Crunch mit Ihren Fingern und Handflächen fest hinein und achten Sie darauf, dass der Boden und die Seiten gleichmäßig und vollständig bedeckt sind.
c) Die Form auf ein Blech stellen und 20 Minuten backen. Die Ritz-Kruste sollte etwas goldbrauner und etwas butterartiger sein als die Kruste, mit der Sie begonnen haben. Kühlen Sie die Kruste vollständig ab; In Plastik eingewickelt kann die Kruste bis zu 2 Wochen eingefroren werden.
d) Verteilen Sie den Grapefruit-Passionsquark mit einem Löffel oder einem versetzten Spatel gleichmäßig auf dem Boden der Ritz-Kruste. Legen Sie den Kuchen etwa 30 Minuten lang in den Gefrierschrank, damit der Quark fest wird.
e) Verteilen Sie die gesüßte kondensierte Grapefruit mit einem Löffel oder einem versetzten Spatel auf dem Quark. Achten Sie dabei darauf, die beiden Schichten nicht zu vermischen und sicherzustellen, dass der Quark vollständig bedeckt ist. Bis zum Schneiden und Servieren zurück in den Gefrierschrank stellen.

## 34. **Cranberry-Kuchen**

Ergibt : 8 Portionen

**ZUTATEN:**
- 2 Tortenböden _
- 1 Packung Gelatine; Orangengeschmack
- ¾ Tasse Kochendes Wasser
- ½ Tasse Orangensaft
- 1 Dose (8 Unzen) gelierte Preiselbeersauce
- 1 Teelöffel Abgeriebene Orangenschale
- 1 Tasse Kaltes Halb-und-Halb oder Milch
- 1 Packung Jell-O-Instant-Pudding , französische Vanille oder Vanillegeschmack
- 1 Tasse Cool Whip-Schlagsahne
- Gefrostete Preiselbeeren

**ANWEISUNGEN:**
a) Den Ofen auf 450 °F vorheizen
b) Gelatine zum Kochen bringen und auflösen. Den Orangensaft einfüllen. Stellen Sie die Schüssel in eine größere Eis- und Wasserschüssel. Lassen Sie es unter regelmäßigem Rühren 5 Minuten ruhen, bis die Gelatine leicht eingedickt ist.
c) Preiselbeersauce und Orangenschale dazugeben und verrühren. Den Tortenboden mit der Füllung füllen. Etwa 30 Minuten lang oder bis es fest ist kalt stellen.
d) In eine mittelgroße Rührschüssel geben und halbieren . Geben Sie die Kuchenfüllungsmischung hinein. Rühren , bis alles vollständig vermischt ist.
e) 2 Minuten ruhen lassen oder bis die Soße etwas eingedickt ist. Zum Schluss den geschlagenen Belag unterheben.
f) Die Gelatinemischung vorsichtig darauf verteilen. 2 Stunden kalt stellen oder bis es steif ist.

## 35. **Pfirsich-Streuselkuchen**

Ergibt 8 Portionen

**ZUTATEN:**
- 1 1/4 Tassen Allzweckmehl
- 1/4 Teelöffel Salz
- 1/2 Teelöffel Zucker
- 1/2 Tasse vegane Margarine, in kleine Stücke schneiden
- 2 Esslöffel kaltes Wasser, bei Bedarf auch mehr
- reife Pfirsiche, geschält, entkernt und in Scheiben geschnitten
- 1 Teelöffel vegane Margarine
- 2 Esslöffel Zucker
- 1/2 Teelöffel gemahlener Zimt

Belag
- ¾ Tasse altmodische Haferflocken
- 1/3 Tasse vegane Margarine, weich
- 2 Esslöffel Zucker
- 1 Teelöffel gemahlener Zimt
- 1/4 Teelöffel Salz

**ANWEISUNGEN:**

a) Machen Sie die Kruste: In einer großen Schüssel Mehl, Salz und Zucker vermischen. Mit einem Mixer oder einer Gabel die Margarine einschneiden, bis die Mischung groben Krümeln ähnelt. Geben Sie nach und nach das Wasser hinzu und mixen Sie, bis der Teig gerade anfängt, zusammenzuhalten.

b) Den Teig zu einer Scheibe flach drücken und in Plastikfolie einwickeln. 30 Minuten in den Kühlschrank stellen, während Sie die Füllung vorbereiten.

c) Heizen Sie den Ofen auf 425 °F vor. Den Teig auf einer leicht bemehlten Arbeitsfläche auf etwa 25 cm Durchmesser ausrollen. Legen Sie den Teig in eine 9-Zoll-Tortenplatte und schneiden Sie die Ränder ab und quetschen Sie sie. Die Pfirsichscheiben in der Kruste anordnen. Mit der Margarine bestreuen und mit Zucker und Zimt bestreuen. Beiseite legen.

d) Den Belag zubereiten: In einer mittelgroßen Schüssel Haferflocken, Margarine, Zucker, Zimt und Salz vermischen. Gut vermischen und über die Früchte streuen.
e) Backen, bis die Früchte Blasen bilden und die Kruste goldbraun ist, etwa 40 Minuten. Aus dem Ofen nehmen und leicht abkühlen lassen, 15 bis 20 Minuten. Warm servieren.

## 36. Erdbeerwolkenkuchen

Ergibt 8 Portionen

**ZUTATEN:**

**KRUSTE**
- 1 1/4 Tassen Allzweckmehl
- 1/4 Teelöffel Salz
- 1/2 Teelöffel Zucker
- 1/2 Tasse vegane Margarine, in kleine Stücke schneiden
- 3 Esslöffel Eiswasser

**FÜLLUNG**
- 1 (12 Unzen) Packung fester Seidentofu, abgetropft und gepresst
- ¾ Tasse Zucker
- 1 Teelöffel reiner Vanilleextrakt
- 2 Tassen geschnittene frische Erdbeeren
- 1/2 Tasse Erdbeerkonfitüre
- 1 Esslöffel Maisstärke in 2 Esslöffel Wasser aufgelöst

**ANWEISUNGEN:**

a) Machen Sie die Kruste: In einer Küchenmaschine Mehl, Salz und Zucker vermischen und verrühren. Die Margarine dazugeben und krümelig verarbeiten.

b) Bei laufender Maschine das Wasser einfließen lassen und zu einem weichen Teig verarbeiten. Nicht zu viel mischen. Den Teig zu einer Scheibe flach drücken und in Plastikfolie einwickeln.

c) 30 Minuten kühl stellen. Heizen Sie den Ofen auf 400 °F vor.

d) Den Teig auf einer leicht bemehlten Arbeitsfläche auf etwa 25 cm Durchmesser ausrollen. Den Teig in eine 9-Zoll-Tortenplatte füllen. Schneiden und rillen Sie die Kanten. Mit einer Gabel Löcher in den Teigboden stechen. 10 Minuten backen, dann aus dem Ofen nehmen und beiseite stellen. Reduzieren Sie die Ofentemperatur auf 350 °F.

e) Füllung zubereiten: In einem Mixer oder einer Küchenmaschine Tofu, Zucker und Vanille vermischen und glatt rühren. In die vorbereitete Kruste gießen.

f) 30 Minuten backen. Aus dem Ofen nehmen und 30 Minuten lang abkühlen lassen.
g) Ordnen Sie die geschnittenen Erdbeeren in einem dekorativen Muster auf dem Kuchen an, sodass die gesamte Oberfläche bedeckt ist. Beiseite legen.
h) Die Konfitüren in einem Mixer oder einer Küchenmaschine pürieren und bei mittlerer Hitze in einen kleinen Topf geben. Die Maisstärkemischung einrühren und weiterrühren, bis die Mischung eingedickt ist.
i) Die Erdbeerglasur über den Kuchen geben. Stellen Sie den Kuchen mindestens 1 Stunde vor dem Servieren in den Kühlschrank, damit die Füllung abkühlt und die Glasur fest wird.

## 37. Frischer Obstkuchen ohne Backen

Ergibt 8 Portionen

**ZUTATEN:**
- 1 1/2 Tassen vegane Haferflocken-Kekskrümel
- 1/4 Tasse vegane Margarine
- 1 Pfund fester Tofu, gut abgetropft und gepresst (siehe Tofu)
- ¾ Tasse Zucker
- 1 Teelöffel reiner Vanilleextrakt
- 1 reifer Pfirsich, entkernt und in 1/4-Zoll-Scheiben geschnitten
- 2 reife Pflaumen, entkernt und in 1/4-Zoll-Scheiben geschnitten
- 1/4 Tasse Pfirsichkonfitüre
- 1 Teelöffel frischer Zitronensaft

**ANWEISUNGEN:**

a) Eine 9-Zoll-Tortenplatte einfetten und beiseite stellen. In einer Küchenmaschine die Krümel und die geschmolzene Margarine vermischen und verarbeiten, bis die Krümel feucht sind.

b) Drücken Sie die Krümelmischung in die vorbereitete Tortenplatte. Bis zur Verwendung im Kühlschrank aufbewahren.

c) In der Küchenmaschine Tofu, Zucker und Vanille vermischen und glatt rühren. Die Tofu-Mischung auf der gekühlten Kruste verteilen und 1 Stunde in den Kühlschrank stellen.

d) Ordnen Sie die Früchte dekorativ auf der Tofu-Mischung an. Beiseite legen.

e) In einer kleinen hitzebeständigen Schüssel die Konfitüren und den Zitronensaft vermischen und etwa 5 Sekunden lang in der Mikrowelle erhitzen, bis sie geschmolzen sind. Umrühren und über die Früchte träufeln.

f) Stellen Sie den Kuchen vor dem Servieren mindestens 1 Stunde lang in den Kühlschrank, damit die Füllung abkühlt und die Glasur fest wird.

## 38. Bananen-Mango-Kuchen

Ergibt 6 Portionen

**ZUTATEN:**
- 1 1/2 Tassen vegane Vanille-Kekskrümel
- 1/4 Tasse vegane Margarine, geschmolzen
- 1 Tasse Mangosaft
- 1 Esslöffel Agarflocken
- 1/4 Tasse Agavennektar
- reife Bananen, geschält und in Stücke geschnitten
- 1 Teelöffel frischer Zitronensaft
- 1 frische reife Mango, geschält, entkernt und in dünne Scheiben geschnitten

**ANWEISUNGEN:**
a) Fetten Sie den Boden und die Seiten einer 8-Zoll-Tortenplatte ein. Geben Sie die Kekskrümel und die geschmolzene Margarine auf den Boden des Tortentellers und rühren Sie mit einer Gabel um, bis die Krümel feucht sind. In den Boden und die Seiten des vorbereiteten Tortentellers drücken. Bis zur Verwendung im Kühlschrank aufbewahren.
b) Den Saft und die Agarflocken in einem kleinen Topf vermischen. Lassen Sie es 10 Minuten ruhen, damit es weich wird. Den Agavendicksaft dazugeben und die Mischung kurz aufkochen lassen. Reduzieren Sie die Hitze auf köcheln und rühren Sie etwa 3 Minuten lang, bis es sich aufgelöst hat.
c) Die Bananen in eine Küchenmaschine geben und glatt rühren. Die Agar-Mischung und den Zitronensaft hinzufügen und verrühren, bis alles glatt und gut vermischt ist. Schaben Sie die Füllung mit einem Gummispatel in die vorbereitete Kruste. Zum Abkühlen und Anrichten 2 Stunden oder länger in den Kühlschrank stellen.
d) Kurz vor dem Servieren die Mangoscheiben kreisförmig auf dem Kuchen anordnen.

## 39. Erdbeer- Sahne- Torte

FÜLLT 1 KUCHEN

**ZUTATEN:**
- 1 Rezept Basic Piecrust
- 2 Rezepte: Schlagsahne aus Cashewnüssen
- 2 Tassen halbierte Erdbeeren
- 2 Esslöffel Agavensirup

**ANWEISUNGEN:**
a) Verteilen Sie die Schlagsahne in einer einzigen, gleichmäßigen Schicht auf Ihrem Tortenboden.
b) Die Erdbeerhälften im Agavensirup wenden und die Erdbeeren mit der Schnittseite nach unten auf der Sahne anrichten.
c) Im Kühlschrank 2 bis 3 Tage haltbar.

**40.　Apfel-Baiser-Kuchen**

Ergibt : 6 Portionen

**ZUTATEN:**
- je 1 9 Zoll ungebackener Tortenboden
- 2 Tassen Geriebener Apfel
- ½ Tasse Zucker
- 3 Esslöffel Butter
- 1 Esslöffel Zitronensaft
- Jeweils 3 Stück Eier, getrennt
- ½ Teelöffel Zimt
- ½ Teelöffel Muskatnuss
- ¼ Tasse Puderzucker
- 1 Teelöffel Vanille

**ANWEISUNGEN:**

a) Die Äpfel gleichmäßig auf dem Boden der Tortenform verteilen. In einer separaten Schüssel Zucker und Butter cremig schlagen. Zitronensaft und 3 geschlagene Eigelb unterrühren.

b) Über den Apfel gießen. Mit Zimt und Muskatnuss bestreuen. Im 350-Grad-Ofen 40 bis 45 Minuten backen. Eiweiß schlagen, bis sich Spitzen bilden.

c) Nach und nach Puderzucker und Vanille hinzufügen und schlagen, bis das Baiser steif ist. Auf dem Kuchen verteilen. Zurück in den Ofen stellen. Hitze auf 325 Grad reduzieren.

d) 5 bis 10 Minuten länger backen, bis das Baiser leicht gebräunt ist.

## 41. Cheddar-Streusel-Apfelkuchen

Ergibt : 8 Portionen

## ZUTATEN:
- je 1 9 Zoll ungebackene Tortenschale
- ½ Tasse Ungebleichtes Mehl
- ⅓ Tasse Zucker
- 1½ Pfund Äpfel kochen;
- 6 Unzen Cheddar, zerkleinert, 1 1/2 C
- 4 Teelöffel Ungebleichtes Mehl
- ⅓ Tasse Brauner Zucker; Fest verpackt
- ½ Teelöffel Zimt; Boden
- ¼ Teelöffel Muskatnuss; Boden
- 5 Esslöffel Butter
- 1 Esslöffel Zitronensaft; Frisch

## ANWEISUNGEN:
a) Kerngehäuse entfernen, schälen und dünn aufschneiden
b) Machen Sie einen hohen Rand um den Tortenboden. Alle trockenen Zutaten für den Belag vermischen und die Butter hineinkrümeln. Beiseite legen. Die Äpfel und den Zitronensaft vermischen und den Käse, das Mehl und die Muskatnuss dazugeben und gut verrühren.
c) Die Äpfel in der Kruste anrichten und den Belag darüber streuen. Im vorgeheizten Ofen bei 180 °C 40 bis 50 Minuten backen. Auf Wunsch warm mit Vanilleeis servieren.

# VEGGIE-PIES

# 42. Rhabarber mit Makronengarnitur

Ergibt: 4 Portionen

**ZUTATEN:**
- 4 Tassen geschnittener frischer oder gefrorener Rhabarber (2,5 cm große Stücke)
- 1 großer Apfel, geschält und in Scheiben geschnitten
- 1/2 Tasse brauner Zucker
- 1/2 Teelöffel gemahlener Zimt, geteilt
- 1 Esslöffel Maisstärke
- 2 Esslöffel kaltes Wasser
- 8 Makronen, zerbröckelt
- 1 Esslöffel Butter, geschmolzen
- 2 Esslöffel Zucker
- Vanilleeis, optional

**Richtungen**

a) In einer großen gusseisernen oder anderen ofenfesten Pfanne Rhabarber, Apfel, braunen Zucker und 1/4 Teelöffel Zimt vermengen. zum Kochen bringen. Hitze reduzieren; abdecken und 10–13 Minuten köcheln lassen, bis der Rhabarber sehr zart ist.

b) Maisstärke und Wasser glatt rühren; Nach und nach zur Fruchtmischung hinzufügen. Zum Kochen bringen; kochen und rühren, bis es eingedickt ist, etwa 2 Minuten.

c) In einer kleinen Schüssel die zerbröckelten Kekse, Butter, Zucker und den restlichen Zimt vermengen. Über die Fruchtmischung streuen.

d) 10 cm von der Hitze entfernt braten, bis es leicht gebräunt ist, 3–5 Minuten. Nach Belieben warm mit Eis servieren.

**43. Bergmannskuchen**

Ergibt: 6 Miners Pies

**ZUTATEN:**
**FÜR DEN KUCHEN:**
- 5 Tassen gehackter Sellerie (Halbmond)
- 8 Tassen gehackte Karotten
- 2 Tassen gewürfelte Zwiebeln
- 3 Esslöffel gehackter frischer Rosmarin
- 2 Esslöffel gehackter Knoblauch
- 2 Esslöffel Thymian
- 2 Esslöffel Oregano
- 4 Tassen Starkbier
- 3 Tassen Rinderbrühe
- 10 Pfund Hackfleisch

**FÜR DIE PÜRTÖPFE:**
- 1 Beutel Kartoffelpüree
- 1 Stange (½ Tasse) Butter
- ¼ Tasse Sauerrahm
- 1 Esslöffel gemahlener Meerrettich

**ANWEISUNGEN:**
**FÜR DEN KUCHEN:**
a) Bedecken Sie den Boden eines großen Suppentopfs mit Öl.
b) Knoblauch, Zwiebeln, Karotten, Sellerie und Gewürze hinzufügen.
c) Stout und Rinderbrühe hinzufügen. Zum Kochen bringen und auf köcheln lassen. Köcheln lassen, bis das Gemüse leicht weich ist.
d) Das Hackfleisch unter häufigem Rühren hinzufügen. Köcheln lassen, bis das Rindfleisch durchgegart ist. Nach Geschmack würzen.

**FÜR DIE PÜRTÖPFE:**
a) Butter in einem Topf schmelzen. Kartoffeln hinzufügen.
b) Sauerrahm und Meerrettich hinzufügen.
c) Rühren, bis es durchgewärmt ist und dicker wird.

d) Die Tortenfüllung in 6 quadratische Schüsseln füllen.
e) Mit zerdrückten Töpfen belegen. Sie können die Töpfe in einen Spritzbeutel geben und darauf Spritzen.

## 44. Rhabarberkuchen

Ergibt: 7 Portionen

**ZUTATEN:**
**KUCHEN FÜLLUNG:**
- 8 Granny-Smith-Äpfel, geschält und in Scheiben geschnitten (7 Äpfel, wenn die Äpfel sehr groß sind)
- 2 Esslöffel geschmolzene Butter
- ⅔ Tasse Mehl
- 1 Tasse weißer Zucker
- 1 Teelöffel Zimt

**CRUMBLE-TOP:**
- ½ Tasse (1 Stange) geschmolzene Butter
- 1 Tasse Mehl
- 1 Tasse Hafer
- 1 Tasse gepresster brauner Zucker
- 1 Teelöffel Zimt

**ANWEISUNGEN:**
**KUCHEN FÜLLUNG:**
a) Besprühen Sie den Boden einer 9 Zoll tiefen Kuchenform mit Spray.
b) Die Form mit einem Tortenboden auslegen. Wenn Sie einen Streuselboden herstellen, rillen Sie die Ränder der Kruste vor dem Füllen.
c) Verteilen Sie ¼ Tasse Mehl gleichmäßig auf dem Boden des Tortenbodens, bevor Sie die Tortenfüllung hinzufügen.
d) **ZUTATEN** für die Tortenfüllung vermischen und in den Tortenboden drücken. Der Kuchen wird ziemlich groß sein.

**CRUMBLE-TOP:**
e) Alle Zutaten vermischen, bis alles gut vermischt und krümelig ist.

**BACKEN:**
f) Streuseloberteil zur Kuchenfüllung geben und gleichmäßig verteilen. Wenn Sie einen Tortenboden verwenden, legen Sie ihn über die gesamte Tortenfüllung und drücken Sie die Ränder

des oberen Tortenbodens an den unteren Boden, wobei Sie die Ränder wellenförmig auslegen.
g) Machen Sie Schlitze in die obere Kruste, damit der Kuchen dämpfen kann. Besprühen Sie die obere Kruste mit Pfannenspray und bestreuen Sie sie gut mit 5 Esslöffeln Zucker im Rohzustand.
h) Mit Alufolie abdecken und 1 Stunde lang bei 350 Grad backen (weniger bei Verwendung eines Heißluftofens).
a) Lassen Sie den Kuchen vor dem Servieren vollständig abkühlen.

## 45. Süsskartoffelkuchen

Ergibt: 2 Süßkartoffelkuchen
Gesamte Vorbereitungs-/Kochzeit: 1 Stunde 5 Minuten

**ZUTATEN:**
- 2 mittelgroße Süßkartoffeln
- 1 ¼ Tasse Zucker
- 1 ½ Stangen Butter
- 4-5 Eier plus 1 Ei
- 1 ½ Esslöffel Vanilleextrakt
- 1 Esslöffel Zitronenextrakt
- 1 Teelöffel Muskatnuss
- 1 Teelöffel Zimt
- 2 tiefe Tortenböden

**ANWEISUNGEN**
a) Süßkartoffeln, Zucker, Butter und Eier (jeweils 2 Eier) 1 Minute lang verrühren.
b) Vanilleextrakt, Zitronenextrakt, Muskatnuss und Zimt hinzufügen.
c) 3-4 Minuten lang gut schlagen
d) Den Teig auf 2 Deep Dish Pie Crusts verteilen
e) Die Kartoffelmischung sollte wie Kuchenteig aussehen und wie Eis schmecken.
f) Im auf 350 Grad vorgeheizten Ofen 55 bis 60 Minuten backen.
g) Genießen!

## 46. Kürbiskuchen

Ergibt : 8 Portionen

**ZUTATEN:**
- 1 Dose (30 oz.) Kürbiskuchenmischung
- 2/3 Tasse Kondensmilch
- 2 große Eier, geschlagen
- 1 ungebackener 9-Zoll-Kuchenboden

**ANWEISUNGEN:**
a) Heizen Sie den Ofen auf 425 Grad Fahrenheit vor.
b) In einer großen Rührschüssel die Kürbiskuchenmischung, die Kondensmilch und die Eier vermischen.
c) Die Füllung in den Tortenboden füllen.
d) 15 Minuten im Ofen backen.
e) Erhöhen Sie die Temperatur auf 350 °F und backen Sie weitere 50 Minuten.
f) Schütteln Sie es leicht, um zu sehen, ob es vollständig gebacken ist.
g) 2 Stunden auf einem Kuchengitter abkühlen lassen.

# 47. Südlicher Süßkartoffelkuchen

Ergibt : 10 Portionen

**ZUTATEN:**
- 2 Tassen geschälte, gekochte Süßkartoffeln
- ¼ Tasse geschmolzene Butter
- 2 Eier
- 1 Tasse Zucker
- 2 Esslöffel Bourbon
- 1/4 Teelöffel Salz
- 1/4 Teelöffel gemahlener Zimt
- 1/4 Teelöffel gemahlener Ingwer
- 1 Tasse Milch

**ANWEISUNGEN:**
a) Ofen auf 350 Grad Fahrenheit vorheizen.
b) Mit Ausnahme der Milch alle **ZUTATEN VOLLSTÄNDIG VERMISCHEN:** in einem Elektromixer.
c) Fügen Sie die Milch hinzu und rühren Sie weiter, sobald alles vollständig vermischt ist.
d) Gießen Sie die Füllung in die Tortenform und backen Sie sie 35–45 Minuten lang oder bis ein in der Mitte eingesetztes Messer sauber herauskommt.
e) Aus dem Kühlschrank nehmen und vor dem Servieren auf Raumtemperatur abkühlen lassen.

## 48. Italienischer Artischockenkuchen

Ergibt: 8 Portionen

**Zutat**
- 3 Eier; Geschlagen
- 1 3 Unzen Packung Frischkäse mit Schnittlauch; Erweicht
- ¾ Teelöffel Knoblauchpulver
- ¼ Teelöffel Pfeffer
- 1½ Tasse Mozzarella-Käse, teilweise Magermilch; Geschreddert
- 1 Tasse Ricotta-Käse
- ½ Tasse Mayonnaise
- 1 14 Unzen Dose Artischockenherzen; Ausgelaugt
- ½ 15 Unzen Dose Kichererbsen, konserviert; Gespült und abgetropft
- 1 2 1/4 Unzen Dose geschnittene Oliven; Ausgelaugt
- 1 2 Unzen Glas Pimientos; Gewürfelt und abgetropft
- 2 Esslöffel Petersilie; Geschnitten
- 1 Tortenboden (9 Zoll); Ungebacken
- 2 kleine Tomate; Geschnitten

**ANWEISUNGEN:**
a) Eier, Frischkäse, Knoblauchpulver und Pfeffer in einem großen Rührbecken vermischen. Kombinieren Sie 1 Tasse Mozzarella-Käse, Ricotta-Käse und Mayonnaise in einer Rührschüssel.
b) Rühren, bis alles gut vermischt ist.
c) 2 Artischockenherzen halbieren und beiseite stellen. Den Rest der Herzen hacken.
d) Die Käsemischung mit den gehackten Herzen, Kichererbsen, Oliven, Pimientos und Petersilie vermischen. Füllen Sie die Teighülle mit der Mischung.
e) 30 Minuten bei 350 Grad backen. Den restlichen Mozzarella-Käse und Parmesankäse darüber streuen.
f) Weitere 15 Minuten backen oder bis es fest ist.
g) 10 Minuten ruhen lassen.
h) Tomatenscheiben und geviertelte Artischockenherzen darüber verteilen.
i) Aufschlag

## 49. **Rustikaler Cottage Pie**

Ergibt 4 bis 6 Portionen

**ZUTATEN:**
- Yukon Gold-Kartoffeln, geschält und gewürfelt
- 2 Esslöffel vegane Margarine
- 1/4 Tasse einfache ungesüßte Sojamilch
- Salz und frisch gemahlener schwarzer Pfeffer
- 1 Esslöffel Olivenöl
- 1 mittelgelbe Zwiebel, fein gehackt
- 1 mittelgroße Karotte, fein gehackt
- 1 Sellerierippe, fein gehackt
- 12 Unzen Seitan , fein gehackt
- 1 Tasse gefrorene Erbsen
- 1 Tasse gefrorene Maiskörner
- 1 Teelöffel getrocknetes Bohnenkraut
- 1/2 Teelöffel getrockneter Thymian

**Richtungen**

a) In einem Topf mit kochendem Salzwasser die Kartoffeln 15 bis 20 Minuten kochen, bis sie weich sind.

b) Gut abtropfen lassen und zurück in den Topf geben. Fügen Sie Margarine, Sojamilch sowie Salz und Pfeffer hinzu und schmecken Sie ab.

c) Mit einem Kartoffelstampfer grob zerstampfen und beiseite stellen. Heizen Sie den Ofen auf 350 °F vor.

d) In einer großen Pfanne das Öl bei mittlerer Hitze erhitzen. Zwiebel, Karotte und Sellerie hinzufügen.

e) Abdecken und ca. 10 Minuten kochen lassen, bis es weich ist. Übertragen Sie das Gemüse in eine 9 x 13 Zoll große Backform. Seitan, Pilzsauce, Erbsen, Mais, Bohnenkraut und Thymian unterrühren.

f) Mit Salz und Pfeffer abschmecken und die Mischung gleichmäßig in der Backform verteilen.

g) Mit dem Kartoffelpüree belegen und bis zum Rand der Backform verteilen. Backen, bis die Kartoffeln gebräunt sind und die Füllung Blasen bildet, etwa 45 Minuten.

h) Sofort servieren.

## 50. Hühnchen-, Lauch- und Pilzkuchen

Macht: 6

## ZUTATEN:
- 1 Menge Mürbeteig, gekühlt
- Extra glutenfreie Allzweckmehlmischung zum Ausrollen des Teigs
- 250 g (2½ Tassen) Fenchel, gehackt
- 2 mittelgroße Lauchstangen, geputzt
- 240 g (2 Tassen) Pilze
- 240 ml (1 Tasse) Weißwein
- 240 ml (1 Tasse) Milch
- 120 ml (½ Tasse) Frischcreme
- 4 EL Maismehl/Maisstärke
- 700 g Hähnchenbrust
- ½ TL frisch gemahlener schwarzer Pfeffer
- ¼ TL Meersalz (koscher).
- 2 TL getrocknete Kräuter der Provence
- 2 TL Olivenöl

## ANWEISUNGEN:
a) Den Lauch in Scheiben schneiden, abspülen und gründlich abtropfen lassen. Den Fenchel würfeln und die Pilze in Scheiben schneiden.
b) 1 TL Olivenöl in einer Bratpfanne bei mittlerer Hitze erhitzen und Lauch und Fenchel hinzufügen. 5 Minuten kochen lassen.
c) Die Pilze dazugeben und weiter anbraten, bis sie goldbraun sind. Während Sie das Hähnchen kochen, auf einen Teller/eine Schüssel geben. Das Hähnchen in mundgerechte Stücke schneiden.
d) Den restlichen 1 TL Olivenöl in der Bratpfanne bei mittlerer Hitze erhitzen und die Hähnchenstücke portionsweise goldbraun braten.
e) Geben Sie die gekochten Portionen in dieselbe Schüssel wie das sautierte Gemüse. Sobald das ganze Hähnchen gar ist, geben Sie das Hähnchen/Gemüse wieder in die Bratpfanne und gießen Sie den Weißwein darüber.

f) Mit Salz, Pfeffer würzen und die getrockneten Kräuter hinzufügen. Zum Kochen bringen und bei schwacher Hitze 10 Minuten köcheln lassen.
g) Das Maismehl/die Maisstärke in der Milch auflösen und in die Bratpfanne geben. In der Pfanne weiterrühren, bis die Soße eindickt. Vom Herd nehmen und beiseite stellen.
h) Heizen Sie den Ofen auf 170 °C Umluft, 375 °F, Gas Stufe 5 vor.
i) Nehmen Sie Ihren gekühlten Teig und rollen Sie ihn zwischen zwei gut bemehlten Blättern Backpapier in eine Form aus, die etwas größer als Ihre Kuchenform ist.
j) Rühren Sie die Crème Fresh unter die Hühnermischung und gießen Sie sie in die Kuchenform. Drehen Sie den Teig, der sich noch im Backpapier befindet, um und entfernen Sie das nun oberste Blatt.
k) Verwenden Sie das restliche Backpapier, um den Teig über die Kuchenform zu verteilen. Schneiden Sie die Kanten ab und quetschen Sie sie mit zwei Fingern und einem Daumen.
l) Wenn Sie Lust auf Kunst haben, rollen Sie die Teigreste noch einmal aus und schneiden Sie 4 Blattformen zur Dekoration aus.
m) Bestreichen Sie den Tortenboden mit der übriggebliebenen Ei-Milch-Mischung aus der Teigherstellung, schneiden Sie ein kleines Kreuz in die Mitte und dekorieren Sie es mit den Blätterteigformen.
n) Bestreichen Sie diese ebenfalls mit Eigelb. Auf ein Backblech legen und in den Ofen schieben.
o) 45 Minuten backen, bis der Kuchenboden goldbraun und die Füllung kochend heiß ist.

## 51. Kürbiskuchen mit einem Hauch Rum

Ergibt 8 Portionen

**ZUTATEN:**
Kruste
- 1 1/4 Tassen Allzweckmehl
- 1/4 Teelöffel Salz
- 1/2 Teelöffel Zucker
- 1/2 Tasse vegane Margarine, in kleine Stücke schneiden
- 3 Esslöffel Eiswasser, bei Bedarf auch mehr

Füllung
- 1 (16 Unzen) Dose fester Kürbis
- 1 (12 Unzen) Packung extrafester Seidentofu, abgetropft und trocken getupft
- 1 Tasse Zucker
- Vorbereitete Eiersatzmischung für 2 Eier (siehe Veganes Backen)
- 1 Esslöffel dunkler Rum
- 1 Esslöffel Maisstärke
- 2 Teelöffel gemahlener Zimt
- 1/2 Teelöffel gemahlener Piment
- 1/2 Teelöffel gemahlener Ingwer
- 1/2 Teelöffel gemahlene Muskatnuss

**ANWEISUNGEN:**

a) In einer mittelgroßen Schüssel Mehl, Salz und Zucker vermischen. Mit einem Mixer oder einer Gabel die Margarine einschneiden, bis die Mischung groben Krümeln ähnelt. Geben Sie nach und nach das Wasser hinzu und mixen Sie, bis der Teig gerade anfängt, zusammenzuhalten. Den Teig zu einer runden Scheibe flach drücken und in Plastikfolie einwickeln. 30 Minuten in den Kühlschrank stellen, während Sie die Füllung zubereiten.

b) In einer Küchenmaschine Kürbis und Tofu gut vermischen. Zucker, Eiersatz, Ahornsirup, Rum, Maisstärke, Zimt, Piment, Ingwer und Muskatnuss hinzufügen und verrühren, bis alles glatt und gut vermischt ist.

c) Heizen Sie den Ofen auf 400 °F vor. Den Teig auf einer leicht bemehlten Arbeitsfläche auf etwa 25 cm Durchmesser ausrollen. Legen Sie den Teig in eine 9-Zoll-Tortenplatte und schneiden Sie die Ränder ab und rillen Sie sie.
d) Die Füllung in die Kruste gießen. 15 Minuten lang backen, dann die Ofentemperatur auf 350 °F reduzieren und weitere 30 bis 45 Minuten backen, oder bis die Füllung fest ist. Auf einem Kuchengitter auf Raumtemperatur abkühlen lassen und dann mindestens 4 Stunden im Kühlschrank ruhen lassen.

## 52. Grüner Tomatenkuchen

Ergibt: 6 Portionen

**ZUTATEN:**
Teig für eine doppelte Kruste
½ Tasse) Zucker
2 Teelöffel Mehl
1 Zitrone; abgeriebene Schwarte davon
¼ Teelöffel gemahlener Piment
¼ Teelöffel Salz
4 Tassen grüne Tomate: schälen, in Scheiben schneiden
1 Teelöffel Zitronensaft
3 Teelöffel Butter

**ANWEISUNGEN:**
a) Eine Kuchenform mit Kuchenteig auslegen. Zucker, Mehl, Zitronenschale, Piment und Salz vermischen.
b) Streuen Sie etwas davon auf den Boden des Tortenbodens.
c) Ordnen Sie die Tomatenscheiben Schicht für Schicht an und bedecken Sie jede Schicht mit der Zuckermischung, dem Zitronensaft und einem Klecks Butter auf jeder Scheibe.
d) Weiter schichten, bis der obere Rand der Kuchenform erreicht ist.
e) Mit einem Gitterrost abdecken und 45 Minuten bei 350°C backen.

## 53. Spargelkuchen

Ergibt: 6 Portionen

**ZUTATEN:**
- 1 Packung (8 oz) gefrorener Spargel
- 1 Tasse gewürfelter Schinken; gekocht
- 1 Tasse Halb und halb
- 1 Dose (4 oz) Pilze; entwässert
- 1 Teelöffel Salz
- 3 Eier; leicht geschlagen
- ⅓ Tasse gehackte Zwiebeln (optional)
- 1 Ungebacken; 9-Zoll-Tortenboden

**ANWEISUNGEN:**

a) Spargel kochen und gut abtropfen lassen. Mischen Sie Half and Half, Zwiebeln, Pilze und Salz in einem Topf. 1 Minute köcheln lassen. Eine kleine Menge der heißen Mischung zu den Eiern geben und gut verrühren. Zur Mischung in die Pfanne geben und umrühren.

b) Den abgetropften Spargel und den Schinken in der Kruste anrichten. Heiße Mischung darübergießen.

c) Pfeffer und Muskatnuss können leicht über die Oberfläche gestreut werden. 15 Minuten bei 400 °C backen; Reduzieren Sie die Hitze auf 325 °C und backen Sie den Teig 20–25 Minuten länger oder bis eine in der Mitte des Kuchens eingesetzte Messerklinge sauber herauskommt.

# NUSSKUCHEN

## 54. **Pekannusskuchen**

Ergibt 8 Portionen

**ZUTATEN:**

Kruste
- 1 1/4 Tassen Allzweckmehl
- 1/4 Teelöffel Salz
- 1/2 Teelöffel Zucker
- 1/2 Tasse vegane Margarine, in kleine Stücke schneiden
- Esslöffel Eiswasser und bei Bedarf mehr

Füllung
- 2 Esslöffel Maisstärke
- 1 Tasse Wasser
- 1 1/4 Tassen reiner Ahornsirup
- 1/2 Teelöffel Salz
- 2 Esslöffel vegane Margarine
- 1 Teelöffel reiner Vanilleextrakt
- 2 Tassen ungesalzene Pekannusshälften, geröstet

**ANWEISUNGEN:**

a) Machen Sie die Kruste: In einer großen Schüssel Mehl, Salz und Zucker vermischen. Mit einem Mixer oder einer Gabel die Margarine einschneiden, bis die Mischung groben Krümeln ähnelt. Geben Sie nach und nach das Wasser hinzu und mixen Sie, bis der Teig gerade anfängt, zusammenzuhalten.

b) Den Teig zu einer Scheibe flach drücken und in Plastikfolie einwickeln. 30 Minuten in den Kühlschrank stellen, während Sie die Füllung vorbereiten. Heizen Sie den Ofen auf 400 °F vor.

c) Füllung zubereiten: In einer kleinen Schüssel die Maisstärke und 1/4 Tasse Wasser vermischen und beiseite stellen. In einem mittelgroßen Topf die restliche ¾ Tasse Wasser und Ahornsirup vermischen und bei starker Hitze zum Kochen bringen. 5 Minuten kochen lassen, dann das Salz und die Maisstärkemischung hinzufügen und kräftig verrühren. Rühren Sie weiter und kochen Sie bei starker Hitze, bis die Mischung

eindickt und klar wird. Vom Herd nehmen und Margarine und Vanille unterrühren.
d) Den Teig auf einer leicht bemehlten Arbeitsfläche auf etwa 25 cm Durchmesser ausrollen. Den Teig in eine 9-Zoll-Tortenplatte füllen. Schneiden Sie den Teig ab und wellen Sie die Ränder. Mit einer Gabel Löcher in den Teigboden stechen. Etwa 10 Minuten lang goldbraun backen, dann aus dem Ofen nehmen und beiseite stellen. Reduzieren Sie die Ofentemperatur auf 350 °F.
e) Sobald die Margarine geschmolzen ist, gießen Sie die Füllung in den vorgebackenen Boden. Die Hälfte der Pekannüsse in die Füllung geben, in die Mischung drücken und die restliche Hälfte oben auf dem Kuchen verteilen. 30 Minuten backen. Auf einem Gestell etwa 1 Stunde lang abkühlen lassen und dann in den Kühlschrank stellen, bis es abgekühlt ist.

## 55. Weiße Schokoladen-Haselnuss-Torte

Ergibt 8 Portionen

**ZUTATEN:**
- 1 1/2 Tassen vegane Vanille- oder Schokoladenkekskrümel
- 1 Tasse vegane weiße Schokoladenstückchen oder -stückchen
- 1/4 Tasse Wasser
- 2 Esslöffel Frangelico (Haselnusslikör)
- 8 Unzen extrafester Seidentofu, abgetropft
- 1/4 Tasse Agavennektar
- 1 Teelöffel reiner Vanilleextrakt
- 1/2 Tasse zerstoßene geröstete Haselnüsse zum Garnieren
- 1/2 Tasse frische Beeren zum Garnieren

**ANWEISUNGEN:**
a) Eine 20 cm große Tortenplatte oder Springform einfetten und beiseite stellen.
b) In einer Küchenmaschine die Kekskrümel und die Margarine vermischen und zerkleinern, bis die Krümel feucht sind.
c) Drücken Sie die Krümelmischung auf den Boden und die Seiten der vorbereiteten Pfanne. Bis zur Verwendung im Kühlschrank aufbewahren.
d) Die weiße Schokolade im Wasserbad bei schwacher Hitze unter ständigem Rühren schmelzen. Beiseite legen.
e) Mahlen Sie die Cashewnüsse in einem Hochgeschwindigkeitsmixer zu Pulver. Wasser und Frangelico dazugeben und glatt rühren. Tofu, Agavendicksaft und Vanille dazugeben und glatt rühren. Die geschmolzene weiße Schokolade dazugeben und cremig rühren.
f) Verteilen Sie die Mischung in der vorbereiteten Pfanne. Abdecken und 3 Stunden im Kühlschrank lagern, bis es gut abgekühlt ist.
g) Zum Servieren mit zerkleinerten Haselnüssen und frischen Beeren garnieren.

## 56. Glutenfreier einfacher Kokosnusskuchen

Gesamtzeit: 52 Minuten

Macht: 6-8

**ZUTATEN:**
- 2 Eier
- 1 1/2 Tassen Milch
- 1/4 Tasse Butter
- 1 1/2 TL. Vanilleextrakt
- 1 Tasse Kokosraspeln (ich habe gesüßt verwendet)
- 1/2 Tasse Mönchsfrucht (oder Ihr bevorzugter Zucker)
- 1/2 Tasse Kokosmehl

**ANWEISUNGEN:**

a) Beschichten Sie eine 6-Zoll-Tortenplatte mit Antihaftspray und füllen Sie sie mit dem Teig. Befolgen Sie weiterhin die gleichen Anweisungen wie oben.

b) In der Heißluftfritteuse bei 350 Grad 10 bis 12 Minuten garen.

c) Überprüfen Sie den Kuchen nach der Hälfte der Garzeit, um sicherzustellen, dass er nicht anbrennt. Drehen Sie den Teller und testen Sie mit einem Zahnstocher, ob er gar ist.

## 57. Schwarzer Walnuss-Haferflockenkuchen

Ergibt: 1 Portion

**ZUTATEN:**
- 3 Eier, leicht geschlagen
- 1 Tasse brauner Zucker, verpackt
- ½ Tasse dunkler Maissirup
- ½ Tasse Kondensmilch
- ½ Tasse schnell kochende Haferflocken
- ½ Tasse grob gehackte schwarze Walnüsse
- ¼ Tasse (4 EL) Butter, geschmolzen
- 1 Teelöffel Vanille
- Salz
- Ungebackener Teig für einen Kuchen mit einem Boden

**ANWEISUNGEN:**
a) In einer großen Rührschüssel Eier, Zucker, Sirup, Milch, Haferflocken, Nüsse, Butter, Vanille und ⅛ Teelöffel Salz gut vermischen.

b) Den 9-Zoll-Tortenteller mit Teig, Rand und Rillenrand auslegen. Den Teller auf den Ofenrost stellen und die Füllung hineingießen. Den Rand des Kuchens mit Folie schützen , um eine übermäßige Bräunung zu verhindern. 25 Minuten bei 350 °F backen. Folie entfernen.
c) Weitere etwa 25 Minuten backen oder bis die Oberseite tief goldbraun und leicht geschwollen ist.
d) Die Füllung sollte etwas weich sein, wird aber beim Abkühlen fester.
e) Vollständig abkühlen lassen.

## 58. Eichelkuchen

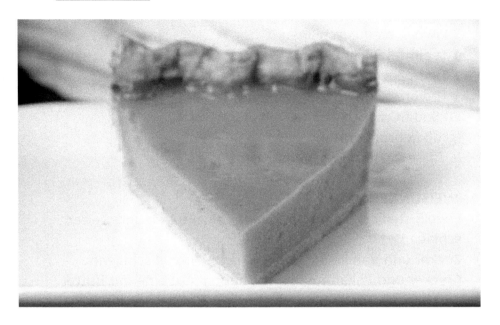

Ergibt: 1 Portion

**ZUTATEN:**
- 3 Eiweiß, steif geschlagen
- 1 Teelöffel Backpulver
- 1 Tasse Zucker
- 1 Teelöffel Vanille
- 20 Soda-Cracker
- (grob gebrochen)
- ½ Tasse Pekannüsse, gehackt

**ANWEISUNGEN:**
a) Eiweiß steif schlagen; Backpulver hinzufügen und weiter schlagen.
b) Zucker und Vanille hinzufügen; noch einmal schlagen.
c) Cracker und Pekannüsse unterheben. Auf eine mit Butter bestrichene Tortenplatte legen und 30 Minuten bei 300 Grad backen.
d) Abkühlen lassen und mit Cool Whip und gehackten Pekannüssen belegen.

## 59. Mandelmakronen-Kirschkuchen

Ergibt: 6 Portionen

**ZUTATEN:**
- Je 1 Tortenschale, 9 Zoll, ungebacken
- 21 Unzen Kirschkuchenfüllung
- ½ Teelöffel Zimt
- 1 Tasse Kokosnuss
- ½ Tasse Mandeln, in Scheiben geschnitten
- ¼ Tasse Zucker
- ⅛ Teelöffel Salz (optional)
- ⅛ Teelöffel Salz (optional)
- 1 Teelöffel Zitronensaft
- ¼ Tasse Milch
- 1 Esslöffel Butter, geschmolzen
- ¼ Teelöffel Mandelextrakt
- Je 1 Ei, geschlagen

**ANWEISUNGEN:**

a) Ofen auf 400F vorheizen. Den Kuchenteig ausrollen und in eine 9-Zoll-Kuchenform legen. In einer großen Schüssel Kuchenfüllung, Zimt, Salz und Zitronensaft vermischen. Leicht mischen. In eine mit Kruste ausgekleidete Kuchenform geben.

b) 20 Minuten backen.

c) In der Zwischenzeit alle Topping-Zutaten in einer mittelgroßen Schüssel vermischen und vermischen. Nehmen Sie den Kuchen nach 20 Minuten aus dem Ofen, verteilen Sie den Belag gleichmäßig auf der Oberfläche und stellen Sie den Kuchen wieder in den Ofen.

d) Weitere 15 bis 30 Minuten backen oder bis Kruste und Belag goldbraun sind.

## 60. Amaretto-Schokoladenkuchen

Ergibt: 8 Portionen

**ZUTATEN:**
- 3 Eier
- ¾ Tasse Sirup, dunkler Mais
- ½ Tasse) Zucker
- ¼ Tasse Amaretto
- 2 Esslöffel Butter; geschmolzen
- ½ Teelöffel Salz
- ½ Tasse Schokoladenstückchen, halbsüß
- ½ Tasse Mandeln, in Scheiben geschnitten
- 1 Tortenboden; ungebacken
- Schlagsahne oder Eis

**ANWEISUNGEN:**
a) Ofen vorheizen auf 350 Grad. In einer großen Rührschüssel die Eier schlagen, bis sie vermischt sind. Maissirup, Zucker, Amaretto, Butter und Salz einrühren. Schokoladenstückchen und Mandeln hinzufügen.
b) In den ungebackenen Tortenboden gießen.
c) 50 bis 60 Minuten backen, bis das zwischen Mitte und Tortenrand eingeführte Messer sauber herauskommt. Vollständig abkühlen lassen.
d) Mit Schlagsahne oder Eis servieren.

# 61. S Nickers Bar Pie

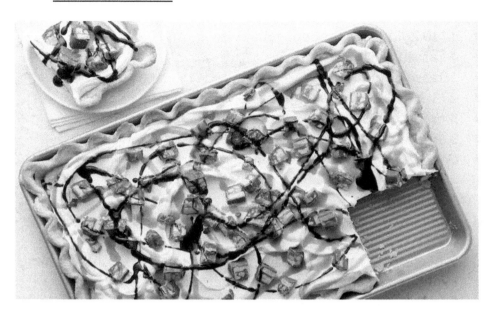

Ergibt: 1 Portionen

**ZUTATEN:**
- 1 (10 Zoll) Tortenboden, gebacken
- 4 Tassen Milch
- 1 Tasse Cool Whip
- 2 (3 3/4 oz.) Packungen Instant-Vanillepudding
- 3 (3 3/4 oz.) Schachteln Instant-Schokoladenpudding
- 3 Snickers-Riegel, in 1/2-Zoll-Stücke geschnitten
- Cool Whip und Erdnüsse zum Garnieren

**ANWEISUNGEN:**
a) Kombinieren Sie 1½ Tassen Milch, Vanillepudding und ½ Tasse Cool Whip.
b) Schlagen, bis es sehr glatt ist. Schokoriegelstücke unterheben.
c) In der gebackenen Tortenschale verteilen.
d) Restliche Milch, Cool Whip und Schokoladenpudding verrühren.
e) Schlagen, bis alles glatt ist.
f) Auf der Vanilleschicht verteilen. Garnierung.
g) Kalt stellen.

## 62. Kirsch-Haselnuss-Crunch-Pie

Ergibt: 1 Kuchen

**ZUTATEN:**
- ½ Packung (10 oz.) Tortenkrustenmischung
- ¼ Tasse hellbrauner Zucker
- ¾ Tasse geröstete Oregon-Haselnüsse, gehackt
- 1 Unze halbsüße Schokolade gerieben
- 4 Teelöffel Wasser
- 1 Teelöffel Vanille
- 8 Unzen rote Maraschino-Kirschen
- 2 Teelöffel Maisstärke
- ¼ Tasse Wasser
- 1 Spritzer Salz
- 1 Esslöffel Kirsch (optional)
- 1 Liter Vanilleeis

**ANWEISUNGEN:**

a) Die Tortenkrustenmischung (½ Packung) mit Zucker, Nüssen und Schokolade mit einem Teigmixer vermischen. Wasser mit Vanille mischen. Über die Krümelmischung streuen und gut verrühren.

b) In eine gut gefettete 9-Zoll-Tortenplatte verwandeln; Drücken Sie die Mischung fest gegen den Boden und die Seite. Im 375-Ofen 15 Minuten backen.

c) Auf einem Gitter abkühlen lassen. Abdecken und mehrere Stunden oder über Nacht stehen lassen. Kirschen abtropfen lassen, Sirup auffangen. Kirschen grob hacken.

d) Sirup mit Maisstärke, ¼ Tasse Wasser und Salz in einem Topf vermischen; Kirschen hinzufügen. Auf niedriger Stufe kochen, bis es klar ist. Vom Herd nehmen und gründlich abkühlen lassen.

e) Kirsch dazugeben und kalt stellen. Eiscreme in die Tortenform geben.

f) Kirschglasur über den Kuchen gießen und sofort servieren.

# KRÄUTER- UND BLUMENTORTEN

## 63. Schokoladen-Minz-Espresso-Kuchen

Ergibt 6 bis 8 Portionen

**ZUTATEN:**
- 2 Tassen vegane Schokoladenkekse oder Schokoladen-Sandwich-Kekse mit Minzgeschmack
- 1 (12-Unzen) Packung vegane halbsüße Schokoladenstückchen
- 1 (12,3 Unzen) Packung fester Seidentofu, abgetropft und zerkrümelt
- 2 Esslöffel reiner Ahornsirup oder Agavendicksaft
- 2 Esslöffel Natur- oder Vanille-Sojamilch
- 2 Esslöffel Crème de Menthe
- 2 Teelöffel Instant-Espressopulver

**ANWEISUNGEN:**
a) Heizen Sie den Ofen auf 350 °F vor. Eine 8-Zoll-Tortenplatte leicht einölen und beiseite stellen.
b) Wenn Sie Sandwichkekse verwenden, nehmen Sie diese vorsichtig auseinander und bewahren Sie die Sahnefüllung in einer separaten Schüssel auf. Die Kekse in einer Küchenmaschine fein mahlen. Fügen Sie die vegane Margarine hinzu und pulsieren Sie, bis alles gut eingearbeitet ist.
c) Drücken Sie die Krümelmischung auf den Boden der vorbereiteten Pfanne. 5 Minuten backen. Wenn Sie Sandwich-Kekse verwenden, verteilen Sie die übrig gebliebene Sahnefüllung auf der Kruste, während die Kruste noch heiß ist. 5 Minuten abkühlen lassen.
d) Die Schokoladenstückchen im Wasserbad oder in der Mikrowelle schmelzen. Beiseite legen.
e) In einem Mixer oder einer Küchenmaschine Tofu, Ahornsirup, Sojamilch, Crème de Menthe und Espressopulver vermischen. Zu einer glatten Masse verarbeiten
f) Mischen Sie die geschmolzene Schokolade mit der Tofu-Mischung, bis sie vollständig eingearbeitet ist. Die Füllung auf dem vorbereiteten Boden verteilen. Vor dem Servieren

mindestens 3 Stunden im Kühlschrank lagern, damit es fest wird.

## 64. Rosmarin-, Wurst- und Käsekuchen

Macht: 2

**ZUTATEN:**
- ¾ Tasse Cheddar-Käse, gerieben
- ¼ Tasse Kokosöl
- 5 Eigelb
- ½ TL Rosmarin
- ¼ TL Backpulver
- 1 ½ Hühnerwurst
- ¼ Tasse Kokosmehl
- 2 EL Kokosmilch
- 2 TL Zitronensaft
- ¼ TL Cayennepfeffer
- 1/8 TL koscheres Salz

**ANWEISUNGEN:**
a) Stellen Sie den Ofen auf 350 F ein.
b) Wurst hacken, Pfanne erhitzen und Wurst kochen. Während die Würstchen kochen, alle trockenen Zutaten in einer Schüssel vermischen. In einer anderen Schüssel Zitronensaft, Öl und Kokosmilch vermischen. Fügen Sie der trockenen Mischung Flüssigkeiten hinzu und fügen Sie eine halbe Tasse Käse hinzu; Zum Kombinieren falten und in zwei Auflaufförmchen geben.
c) Brühwürste zum Teig geben und mit einem Löffel hineindrücken.
d) 25 Minuten backen, bis die Oberfläche goldbraun ist. Mit Käseresten belegen und 4 Minuten grillen.
e) Warm servieren.

## 65. Zitronen-Stiefmütterchen-Kuchen

Ergibt: 8 Portionen

**ZUTATEN:**
- Teig
- 2 Eier
- 3 Eigelb
- ¾ Tasse Zucker
- ½ Tasse Zitronensaft
- 1 Esslöffel abgeriebene Zitronenschale
- 1 Tasse Sahne
- 1 Packung geschmacksneutrale Gelatine
- ¼ Tasse Wasser
- Kristallisierte Stiefmütterchen

**ANWEISUNGEN:**

a) In einem 1-Liter-Topf mit einem Schneebesen Eier, Eigelb, Zucker, Zitronensaft und Schale verrühren.

b) Bei schwacher Hitze unter ständigem Rühren mit einem Holzlöffel kochen, bis die Mischung eindickt und den Löffel etwa 10 Minuten lang bedeckt.

c) Abseihen und beiseite stellen.

d) Wenn der Teig abgekühlt ist, heizen Sie den Ofen auf 400 °F vor. Rollen Sie den Teig zwischen zwei Blättern bemehltem Wachspapier zu einer 27 cm großen Runde aus. Entfernen Sie das obere Blatt Papier und drehen Sie den Teig in eine 9-Zoll-Tortenplatte um, sodass der Überschuss über den Rand hinausragt.

e) Entfernen Sie das restliche Blatt Wachspapier. Überschüssigen Teig so unterklappen, dass er bündig mit dem Tellerrand abschließt.

f) Stechen Sie mit einer Gabel in den Boden und an den Rändern des Teigs, um ein Schrumpfen zu verhindern. Den Teig mit Aluminiumfolie auslegen und mit ungekochten getrockneten Bohnen oder Kuchengewichten füllen.

g) Backen Sie die Teigkruste 15 Minuten lang, entfernen Sie die Folie mit den Bohnen und backen Sie sie 10 bis 12 Minuten

länger oder bis die Kruste goldbraun ist. Die Kruste auf dem Rost vollständig abkühlen lassen.
h) Wenn die Teigkruste abgekühlt ist, schlagen Sie die Sahne, bis sich weiche Spitzen bilden, und stellen Sie sie beiseite.
i) In einer Pfanne Gelatine und Wasser vermischen und bei schwacher Hitze unter Rühren erhitzen, bis sich die Gelatine auflöst.
j) Rühren Sie die Gelatinemischung in die abgekühlte Zitronenmischung ein. Schlagsahne unter die Zitronenmischung heben, bis alles vermischt ist. Die Zitronencremefüllung auf einem Teigboden verteilen und 2 Stunden oder bis sie fest ist in den Kühlschrank stellen.
k) Platzieren Sie vor dem Servieren Stiefmütterchen am Rand und bei Bedarf in der Mitte des Kuchens.

## Fleisch- und Hühnerpasteten

# 66. Eier-Frühstückskuchen

Macht: 4

**ZUTATEN:**
- 250 g fertig ausgerollter Blätterteig
- 4 Eier aus Freilandhaltung
- 2 Pilze in Scheiben geschnitten
- 6-8 Scheiben durchwachsener Speck
- Kirschtomaten
- Frischer Thymian
- Getrocknete geräucherte Chiliflocken
- Reichlich geriebener Käse Ihrer Wahl

**Richtungen**

a) Ihren Ofen zunächst abkühlen, bis er etwa 180 °C erreicht.
b) Schneiden Sie Ihren Blätterteig in vier Quadrate und legen Sie ihn zum Backen bei hoher Hitze auf eine mit Backpapier ausgelegte Backform.
c) 10 Minuten backen, oder bis der Teig aufgequollen ist und anfängt, goldbraun zu werden.
d) Braten Sie Ihren Speck . Fügen Sie die Pilze und einen Schuss Olivenöl hinzu, sobald der Speck zu kochen beginnt.
e) Nachdem Sie die Pasteten aus dem Holzofen genommen haben, drücken Sie jeweils die Mitte nach unten, um die Seiten leicht anzuheben.
f) Den Speck und die Pilze darauf legen und großzügig mit Käse bestreuen. Wenn Sie sich trauen, fügen Sie ein paar Kirschtomaten als Beilage hinzu.
g) Schlagen Sie in Ihrem Holzofen ein Ei in die Mitte jedes Kuchens und lassen Sie ihn weitere 10–15 Minuten backen.
h) Wenn die Eier fertig sind, nehmen Sie sie aus der Pfanne und genießen Sie Ihre köstlichen Frühstücksfreuden!

# 67. Käse- und Wurstpasteten

Macht: 2

**ZUTATEN:**
- 1 ½ Stück Hühnerwurst
- ½ TL Rosmarin
- ¼ TL Backpulver
- ¼ Tasse Kokosmehl
- ¼ TL Cayennepfeffer
- 1/8 TL Salz
- 5 Eigelb
- 2 TL Zitronensaft
- ¼ Tasse Kokosöl
- 2 EL Kokosmilch
- ¾ Cheddar-Käse, gerieben

**ANWEISUNGEN:**
a) Stellen Sie den Ofen auf 350 F ein.
b) Wurst hacken, Pfanne erhitzen und Wurst kochen. Während die Würstchen kochen, alle trockenen Zutaten in einer Schüssel vermischen. In einer anderen Schüssel Eigelb, Zitronensaft, Öl und Kokosmilch vermischen. Fügen Sie der trockenen Mischung Flüssigkeiten hinzu und fügen Sie eine halbe Tasse Käse hinzu. Zum Kombinieren falten und in zwei Auflaufförmchen geben.
c) Brühwürste zum Teig geben und mit einem Löffel hineindrücken.
d) 25 Minuten backen, bis die Oberfläche goldbraun ist. Mit Käseresten belegen und 4 Minuten grillen.
e) Warm servieren.

## 68. Rosmarin, Hühnerwurstpasteten

Macht: 2

**ZUTATEN:**
- ¾ Tasse Cheddar-Käse, gerieben
- ¼ Tasse Kokosöl
- 5 Eigelb
- ½ TL Rosmarin
- 1/4 TL Backpulver
- 1 ½ Hühnerwurst
- ¼ Tasse Kokosmehl
- 2 EL Kokosmilch
- 2 TL Zitronensaft
- 1 TL Cayennepfeffer
- 1/8 TL koscheres Salz

**ANWEISUNGEN:**
a) Stellen Sie den Ofen auf 350 F ein.
b) Wurst hacken, Pfanne erhitzen und Wurst kochen. Während die Würstchen kochen, alle trockenen Zutaten in einer Schüssel vermischen. In einer anderen Schüssel Zitronensaft, Öl und Kokosmilch vermischen. Fügen Sie der trockenen Mischung Flüssigkeiten hinzu und fügen Sie eine halbe Tasse Käse hinzu. Zum Kombinieren falten und in zwei Auflaufförmchen geben.
c) Brühwürste zum Teig geben und mit einem Löffel hineindrücken.
d) 25 Minuten backen, bis die Oberfläche goldbraun ist. Mit Käseresten belegen und 4 Minuten grillen.
e) Warm servieren.

## 69. Hühnerpastete

Macht: 5

**ZUTATEN:**
- ½ Pfund Hähnchenschenkel ohne Knochen, in kleine Stücke geschnitten
- 3,5 Unzen Speck, gehackt
- 1 Karotte, gehackt
- ¼ Tasse Petersilie, gehackt
- 1 Tasse Sahne
- 2 Lauchzwiebeln, gehackt
- 1 Tasse Weißwein
- 1 EL Olivenöl
- Salz und Pfeffer nach Geschmack

**FÜR DIE KRUSTE**
- 1 Tasse Mandelmehl
- 2 EL Wasser
- 1 EL Stevia
- 1½ EL Butter
- ½ TL Salz

**ANWEISUNGEN:**
a) Bereiten Sie zunächst den Boden vor, indem Sie alle Zutaten miteinander vermischen . Beiseite legen.
b) Erhitzen Sie das Olivenöl in einer Pfanne bei mittlerer Hitze. Den gehackten Lauch dazugeben und umrühren. Auf einen Teller geben.
c) Geben Sie das Hühnerfleisch und den Speck hinzu und kochen Sie alles, bis es braun ist, und fügen Sie den Lauch hinzu.
d) Fügen Sie die Karotten hinzu, gießen Sie den Weißwein hinzu und reduzieren Sie dann die Hitze auf mittlere Stufe.
e) Die Petersilie dazugeben und die Sahne dazugeben und gut verrühren. In eine Auflaufform geben.
f) Mit der vorbereiteten Kruste bedecken und im Ofen garen, bis die Kruste goldbraun und knusprig wird.
g) Vor dem Servieren 20 Minuten ruhen lassen.

# 70. **Elchkuchen**

Ergibt: 1 Portion

**ZUTATEN:**
- 1½ Pfund Elchsteak, gewürfelt 1/2 c. Mehl
- 1 mittelgroße Zwiebel, gehackt
- 1 gehackte Knoblauchzehe
- 3 Esslöffel Öl
- 2 Tassen Wasser
- 2 Esslöffel Worcestershire-Sauce
- 1 Teelöffel Majoran
- 1 Teelöffel Thymian
- 1 Teelöffel Selleriesamen
- 1 Teelöffel Salz
- ½ Teelöffel Pfeffer
- 1 Lorbeerblatt
- Gewürfelte Kartoffeln und Karotten
- Gefrorene Erbsen oder grüne Bohnen
- Kuchenkruste

**ANWEISUNGEN:**
a) Die gewürfelten Steaks in einer Plastiktüte mit Mehl schütteln, jeweils ein paar Würfel auf einmal.
b) Moose, Zwiebeln und Knoblauch in erhitztem Öl anbraten, bis Moose braun ist. Wasser, Kräuter, Worcestershire-Sauce, Salz und Pfeffer hinzufügen.
c) Zum Kochen bringen, Hitze reduzieren, 1½ Stunden köcheln lassen. Kartoffeln und Karotten hinzufügen und etwa 30 bis 45 Minuten länger kochen. Erbsen hinzufügen. In eine Kuchenform gießen. Mit dem Tortenboden bedecken, den Rand rillen, oben Schlitze einschneiden.
d) 15 bis 20 Minuten backen oder bis die Kruste schön gebräunt ist.

# Getreide- und Nudelkuchen

## 71. Nicht ganz so kitschiger Tamale-Kuchen

Macht: 8

**ZUTATEN:**
- 2 Teelöffel Pflanzenöl oder nach Bedarf
- 1 kleine Zwiebel, gehackt
- 1 ½ Pfund Rinderhackfleisch
- 1 (15 Unzen) Dose Pintobohnen, abgespült und abgetropft
- 1 (15 Unzen) Dose schwarze Bohnen, abgespült und abgetropft
- ½ Tasse geriebene mexikanische Käsemischung
- 1 (14 Unzen) Dose gewürfelte Tomaten mit grünen Chilischoten
- 2 (8,5 Unzen) Packungen Maisbrotmischung
- ⅔ Tasse Milch
- 2 große Eier

**Richtungen**
a) Den Ofen auf 400 Grad F (200 Grad C) vorheizen.
b) Öl in einer gusseisernen Pfanne bei mittlerer bis hoher Hitze erhitzen; Die Zwiebel 5 bis 10 Minuten anbraten, bis sie leicht gebräunt ist. Hackfleisch hinzufügen; kochen und rühren, bis das Rindfleisch gebräunt ist und krümelig, 5 bis 10 Minuten. Pintobohnen und schwarze Bohnen unter die Rindfleischmischung mischen.
c) Streuen Sie die mexikanische Käsemischung über die Rindfleisch-Bohnen-Mischung. Aufsehen. Gewürfelte Tomaten untermischen Grüne Chilischoten in die Rindfleisch-Bohnen-Mischung geben.
d) Maisbrotmischung, Milch und Eier in einer Schüssel vermischen, bis der Teig glatt ist. Ausbreitung Teig über die Rindfleisch-Bohnen-Mischung geben.
e) Im vorgeheizten Ofen backen, bis ein Zahnstocher in die Mitte des Maisbrots sticht Kommt sauber heraus, 15 bis 20 Minuten.

## 72. Spaghetti-Fleischbällchen-Kuchen

Macht: 4-6

**ZUTATEN:**
- 1 - 26 Unzen. Tüte Rindfleisch - Fleischbällchen
- 1/4 Tasse gehackter grüner Pfeffer
- 1/2 Tasse gehackte Zwiebel
- 1 - 8 Unzen. Paket Spaghetti
- 2 Eier, leicht geschlagen
- 1/2 Tasse geriebener Parmesankäse
- 1-1/4 Tassen geriebener Mozzarella-Käse
- 26 Unzen. Glas stückige Spaghettisauce

**ANWEISUNGEN:**
a) Ofen auf 375 °F vorheizen. Paprika und Zwiebeln etwa 10 Minuten anbraten, bis sie weich sind. Beiseite legen.
b) Spaghetti kochen, abtropfen lassen, mit kaltem Wasser abspülen und trocken tupfen. In eine große Rührschüssel geben.

c) Eier und Parmesankäse dazugeben und verrühren. Drücken Sie die Mischung auf den Boden einer besprühten 9-Zoll-Tortenplatte. Mit 3/4 Tasse geriebenem Mozzarella-Käse belegen. Gefrorene Fleischbällchen 2 Minuten in der Mikrowelle auftauen lassen.
d) Schneiden Sie jedes Fleischbällchen in zwei Hälften. Die Fleischbällchenhälften über die Käsemischung schichten. Spaghettisauce mit gekochten Paprika und Zwiebeln vermischen.
e) Über die Fleischbällchenschicht geben. Locker mit Folie abdecken und 20 Minuten backen.
f) Aus dem Ofen nehmen und 1/2 Tasse Mozzarella-Käse über die Spaghettisaucenmischung streuen.
g) Ohne Deckel weitere 10 Minuten backen, bis sich Blasen bilden. In Spalten schneiden und servieren.

## 73. Sesam-Spinat-Nudelkuchen

Ergibt 4 Portionen

- ¾ Tasse Tahini (Sesampaste)
- 3 Knoblauchzehen, grob gehackt
- 3 Esslöffel milde weiße Misopaste
- 3 Esslöffel frischer Zitronensaft
- 1⁄4 Teelöffel gemahlener Cayennepfeffer
- 1 Tasse Wasser
- 8 Unzen Linguine, in Drittel gebrochen
- 9 Unzen frischer Babyspinat
- 1 Esslöffel geröstetes Sesamöl
- 2 Esslöffel Sesamkörner

**ANWEISUNGEN:**

a) Heizen Sie den Ofen auf 350 °F vor. In einer Küchenmaschine Tahini, Knoblauch, Miso, Zitronensaft, Cayennepfeffer und Wasser vermischen und glatt rühren. Beiseite legen.
b) Kochen Sie die Linguine in einem großen Topf mit kochendem Salzwasser unter gelegentlichem Rühren etwa 10 Minuten lang al dente. Fügen Sie den Spinat hinzu und rühren Sie ihn etwa 1 Minute lang, bis er zusammengefallen ist.
c) Gut abtropfen lassen und dann zurück in den Topf geben. Das Öl und die Tahinisauce hinzufügen und gut vermischen.
d) Übertragen Sie die Mischung auf einen 9-Zoll-Tortenteller oder eine runde Backform. Mit Sesamkörnern bestreuen und etwa 20 Minuten heiß backen. Sofort servieren.

## 74. Ich italienische Spaghetti-Torte

Ergibt: 4 Portionen

**ZUTATEN:**
- 6 Unzen Spaghetti
- 2 Esslöffel Butter oder Margarine
- ⅓ Tasse geriebener Parmesankäse
- 2 gut geschlagene Eier
- 1 Tasse Hüttenkäse
- 1 Pfund Rinderhackfleisch oder große Schweinswurst
- ½ Tasse gehackte Zwiebel
- ¼ Tasse gehackter grüner Pfeffer
- 1 (8 oz.) Dose Tomaten, zerdrückt
- 1 (6 oz.) Dose Tomatenmark
- 1 Teelöffel Zucker
- 1 Teelöffel getrockneter Oregano, zerstoßen
- ½ Teelöffel Knoblauchsalz
- ½ Tasse geriebener Mozzarella-Käse

**ANWEISUNGEN:**
a) Spaghetti kochen und abtropfen lassen – Butter oder Margarine unter die heißen Spaghetti rühren. Parmesankäse und Eier unterrühren. Die Spaghetti-Mischung auf einem mit Butter bestrichenen 10-Zoll-Tortenteller zu einer Kruste formen.
b) Den Hüttenkäse auf dem Boden der Spaghettikruste verteilen. In der Pfanne Hackfleisch, Zwiebeln und grünen Pfeffer kochen, bis das Gemüse zart und das Fleisch braun ist.
c) Überschüssiges Fett abtropfen lassen. Abgetropfte Tomaten, Tomatenmark, Zucker, Oregano und Salz unterrühren. Gründlich erhitzen. Die Fleischmischung in eine Kruste verwandeln.
d) Ohne Deckel 20 Minuten im auf 350 Grad vorgeheizten Ofen backen. Den Mozzarella-Käse darüberstreuen. 5 Minuten backen oder bis der Käse schmilzt.

## 75. **Maiskuchen**

Ergibt: 8 Portionen

**ZUTATEN:**
- ½ Tasse Margarine oder anderes Backfett
- 1 Teelöffel Vanille
- 1 Tasse Milch oder Milchersatz
- 3 Eier oder 1 ganzes Ei und 3 Eiweiß
- 1 Tasse Mehl
- 1 Teelöffel Backpulver
- 1 Prise Salz (optional)
- 2 Dosen (16 oz) Rahmmais

**ANWEISUNGEN:**
a) Alle Zutaten außer Mais hinzufügen und gut vermischen.
b) Mais dazugeben, verrühren.
c) Bei 350 Grad backen, bis es fest ist, etwa eine Stunde.

# Würzige Kuchen

# 76. Altmodischer Karamellkuchen

Ergibt: 1 - 9-Zoll-Kuchen

**ZUTATEN:**
- 1 (9 Zoll) Tortenboden, gebacken
- 1 Tasse weißer Zucker
- ⅓ Tasse Allzweckmehl
- ⅛ Teelöffel Salz
- 2 Tassen Milch
- 4 große Eigelb Eigelb, geschlagen
- 1 Tasse weißer Zucker

**Richtungen**

a) In einem mittelgroßen Topf 1 Tasse Zucker, Mehl, Salz, Milch und Eigelb vermischen und glatt rühren. Bei mittlerer Hitze unter ständigem Rühren dickflüssig und sprudelnd kochen. Vom Herd nehmen und beiseite stellen.

b) Streuen Sie den restlichen 1 Tasse Zucker in eine 25 cm große Gusseisenpfanne. Bei mittlerer Hitze unter ständigem Rühren kochen, bis der Zucker karamellisiert.

c) Vom Herd nehmen und vorsichtig in die warme Sahnemischung gießen. Rühren, bis alles glatt ist. Die Mischung in den Teig gießen. Vollständig abkühlen lassen und mit Schlagsahne servieren

## 77. Zimt-Zucker-Apfelkuchen

Macht: 10

**ZUTATEN:**
- 2 1/2 Tassen Allzweckmehl
- 1/2 Teelöffel Salz
- 1-1/4 Tassen kaltes Schmalz
- 6 bis 8 Esslöffel kalte 2 % Milch

**FÜLLUNG:**
- 2 1/2 Tassen Zucker
- 1 Teelöffel gemahlener Zimt
- 1/2 Teelöffel gemahlener Ingwer
- 9 Tassen dünn geschnittene, geschälte, säuerliche Äpfel (ca. 9 mittelgroße)
- 1 Esslöffel Bourbon, optional
- 2 Esslöffel Allzweckmehl
- Prise Salz
- 3 Esslöffel kalte Butter, gewürfelt
- 1 Esslöffel 2 % Milch
- 2 Teelöffel grober Zucker

**Richtungen**

a) Mehl und Salz in einer großen Schüssel vermischen; Schmalz einschneiden, bis es krümelig ist. Nach und nach Milch hinzufügen und mit einer Gabel verrühren, bis der Teig beim Pressen zusammenhält. Den Teig halbieren. Formen Sie jeweils eine Scheibe. in Plastik einwickeln. 1 Stunde oder über Nacht kühl stellen.

b) Zum Füllen in einer großen Schüssel Zucker, Zimt und Ingwer vermischen. Äpfel hinzufügen und vermengen. Abdeckung; 1 Stunde stehen lassen, damit die Äpfel Saft abgeben können, dabei gelegentlich umrühren.

c) Äpfel abtropfen lassen, Sirup auffangen. Sirup und, falls gewünscht, Bourbon in einen kleinen Topf geben; zum Kochen bringen. Hitze reduzieren; Ohne Deckel 20–25 Minuten köcheln lassen oder bis die Mischung leicht eindickt und eine mittlere Bernsteinfarbe annimmt. Vom Herd nehmen; vollständig abkühlen lassen.

d) Backofen auf 400° vorheizen. Abgetropfte Äpfel mit Mehl und Salz vermischen. Rollen Sie auf einer leicht bemehlten Oberfläche eine Teighälfte zu einem 1/8 Zoll dicken Kreis aus. Transfer zu einem 10-Zoll. Gusseisen- oder andere tiefe ofenfeste Pfanne. Schneiden Sie den Teig gleichmäßig mit dem Rand ab. Apfelmischung hinzufügen. Den abgekühlten Sirup darübergießen; Mit Butter bestreichen.
e) Den restlichen Teig zu einem 1/8 Zoll dicken Kreis ausrollen. Über die Füllung legen. Trimmen, versiegeln und geriffelter Kante. Oben Schlitze einschneiden. Den Teig mit Milch bestreichen; Mit grobem Zucker bestreuen. Auf ein mit Folie ausgelegtes Backblech legen. 20 Minuten backen.
f) Ofeneinstellung auf 350° reduzieren. 45–55 Minuten länger backen oder bis die Kruste goldbraun ist und die Füllung Blasen bildet. Auf einem Kuchengitter abkühlen lassen.

**78. Schmutzige Pfanne mit gesalzenem Karamell-Apfelkuchen**

Ergibt: 7 Portionen

**ZUTATEN:**
**TORTENKRUSTE (ERGIBT 2 KRUSTE):**
- 2 ½ Tassen Allzweckmehl
- 1 Teelöffel koscheres Salz
- 1 Esslöffel Kristallzucker
- ½ Pfund kalte ungesalzene Butter
- 1 Tasse kaltes Wasser
- ¼ Tasse Apfelessig

**Karamell (reicht für 2 Kuchen):**
- 1 Tasse Kristallzucker
- ¼ Tasse ungesalzene Butter
- ½ Tasse schwere Schlagsahne
- ½ Teelöffel Meersalz

**APFELKUCHENFÜLLUNG (REICHT FÜR 1 KUCHEN):**
- 3 Pfund Granny Smith Äpfel
- 1 Esslöffel Kristallzucker
- Zitronensaft, nach Bedarf (ca. ¼ Tasse)
- 2-3 Spritzer Angostura Bitters
- ⅓ Tasse Rohzucker
- ¼ Teelöffel gemahlener Zimt
- ¼ Teelöffel gemahlener Piment
- Prise frisch geriebene Muskatnuss
- ¼ Teelöffel koscheres Salz
- 2 Esslöffel Allzweckmehl
- 2 Esslöffel Maisstärke
- 1 Ei (zum Waschen der Eier)
- Rohzucker zum Schluss

**ANWEISUNGEN:**
**FÜR DIE TORTENKRUST:**
a) Mehl, Salz und Zucker in einer Schüssel verrühren.
b) Reiben Sie die kalte Butter mit einer Käsereibe in die Mehlmischung.

c) Kombinieren Sie Wasser und Essig separat in einer kleinen Schüssel. Kalt bleiben.
d) Mit den Händen vermischen und langsam jeweils 2 Esslöffel der Wasser-Essig-Mischung in die Mehlmischung geben, bis alles gut vermischt ist. Manche
e) Es können trockene Teile zurückbleiben. Das ist in Ordnung.
f) Den Teig in zwei Teile teilen und jeden Abschnitt einzeln in Plastikfolie einwickeln. In den Kühlschrank stellen und mindestens eine Stunde oder über Nacht abkühlen lassen.
g) Einen Abschnitt des gekühlten Tortenteigs separat (jeder Abschnitt stellt eine Kruste dar) auf einer leicht bemehlten Oberfläche ausrollen.
h) Legen Sie den gerollten Boden in eine gefettete 9-Zoll-Kuchenform.

**FÜR DAS KARAMELL:**
i) In einem Topf den Zucker bei schwacher Hitze schmelzen. Lassen Sie es NICHT anbrennen.
j) Sobald der Zucker geschmolzen ist, vom Herd nehmen. Butter unterrühren.
k) Schlagsahne und Meersalz unterrühren.
l) Lass es abkühlen.

**FÜR DIE APFELKUCHENFÜLLUNG:**
m) Äpfel schälen, entkernen und hacken. In den 8-Liter-Behälter geben. Jedes Stück mit Zitronensaft und 1 Esslöffel Kristallzucker vermischen.
n) Bestreuen Sie die Äpfel mit Bitterstoffen, Rohzucker, gemahlenem Zimt, Piment, Muskatnuss, koscherem Salz, Allzweckmehl und Maisstärke.
o) Gut mischen.
p) Legen Sie die Äpfel fest in den vorbereiteten Tortenboden und häufen Sie die Äpfel in der Mitte leicht an.
q) Gießen Sie eine ¾ Tasse abgekühlte Karamellsauce gleichmäßig über die Äpfel.
r) Rollen Sie den restlichen Tortenbodenteig als oberen Boden für den Kuchen aus. Erstellen Sie bei Bedarf ein Gitter. Die Ränder der beiden Tortenböden zusammendrücken.

s) Den Kuchen vor dem Backen 10–15 Minuten kalt stellen.
t) 20 Minuten bei 400 Grad backen; Weitere 30 Minuten bei 375 Grad backen. Achten Sie darauf, den Kuchen zu drehen, wenn er beim Backen an einer Kante dunkel wird.
u) Vor dem Servieren 2-3 Stunden abkühlen lassen. In 7 Scheiben schneiden.

## 79. Eierlikör-Parfait-Kuchen

Ergibt: 6 Portionen

**ZUTATEN:**
- 1 Packung Gelatine mit Zitronengeschmack
- 1 Tasse heißes Wasser
- 1 Pint Vanilleeis
- ¼ Teelöffel Muskatnuss
- ¾ Teelöffel Rumaroma
- 2 gut geschlagene Eigelb
- 2 steif geschlagenes Eiweiß
- 4 bis 6 gebackene Blätterteig-Törtchen
- Schlagsahne-Bonbondekoretten

**ANWEISUNGEN:**
a) Gelatine in heißem Wasser auflösen.
b) Eis in 6 Stücke schneiden, zur Gelatine geben und rühren, bis es geschmolzen ist. Kühlen, bis es teilweise fest ist.
c) Muskatnuss und Aroma hinzufügen.
d) Eigelb einrühren und Eiweiß unterheben.
e) In abgekühlte Tortenböden füllen und kalt stellen, bis sie fest sind.
f) Mit Schlagsahne belegen und mit Bonbondekoretten bestreuen.

## 80. Kürbis-Gewürz-Tiramisu-Kuchen

Ergibt: Einen 9-Zoll-Kuchen

**ZUTATEN:**
- 1 ½ Tassen Sahne
- 2 große Eier, getrennt
- ⅓ Tasse plus 1 Esslöffel Zucker
- 1 Tasse Mascarpone, bei Zimmertemperatur
- ½ Tasse Kürbispüree aus der Dose
- 1 ½ Teelöffel Kürbiskuchengewürz
- 1 ½ Tassen gebrühter Espresso, bei Zimmertemperatur
- 5,3-Unzen-Packung Löffelbiskuits
- Zartbittere oder halbsüße Schokolade zum Rasieren

**ANWEISUNGEN:**

a) In der Schüssel einer Küchenmaschine mit Schneebesenaufsatz die Sahne bei mittlerer bis hoher Geschwindigkeit schlagen, bis sich steife Spitzen bilden. In eine kleine Schüssel umfüllen und im Kühlschrank aufbewahren.

b) In der gereinigten Schüssel der Küchenmaschine mit gereinigtem Schneebesenaufsatz das Eiweiß auf hoher Geschwindigkeit schlagen, bis sich weiche Spitzen bilden. 1 Esslöffel Zucker hinzufügen und schlagen, bis sich steife Spitzen bilden; In eine kleine Schüssel geben.

c) In der gereinigten Schüssel der Küchenmaschine mit gereinigtem Schneebesenaufsatz das Eigelb und die restliche ⅓ Tasse Zucker auf hoher Geschwindigkeit verrühren, bis die Masse eingedickt und hellgelb ist. Mascarpone, Kürbispüree, Kürbiskuchengewürz und ein Drittel der Schlagsahne vorsichtig unter die Eigelbmischung heben. Das geschlagene Eiweiß vorsichtig unterheben und im Kühlschrank aufbewahren.

d) Stellen Sie den Espresso auf einen flachen Teller. Tauchen Sie beide Seiten der Löffelbiskuits in den Espresso und legen Sie sie in eine 9-Zoll-Kuchenform, sodass der Boden vollständig bedeckt ist. Mit der Hälfte der Kürbismischung, weiteren in Espresso getauchten Löffelbiskuits und der restlichen

Kürbismischung belegen. Den Kuchen mit der restlichen Schlagsahne und Schokoladenraspeln belegen. Bis zum Servieren 8 Stunden oder bis zu über Nacht im Kühlschrank lagern.

## 81. Zimtschneckenkuchen

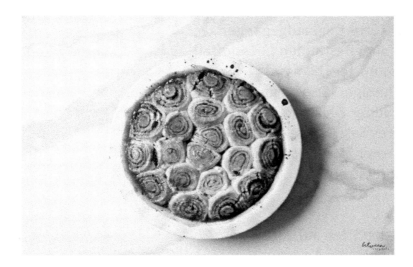

Ergibt 1 (25 cm) Kuchen; FÜR 8 BIS 10 PERSONEN

**ZUTATEN:**
- ½ Portion Mutterteig, aufgegangen
- 30 g Mehl, zum Bestäuben [3 Esslöffel]
- 80 g braune Butter [¼ Tasse]
- 1 Portion flüssiger Käsekuchen
- 60 g hellbrauner Zucker [¼ Tasse dicht gepackt]
- 1 g koscheres Salz [¼ Teelöffel]
- 2 g gemahlener Zimt [1 Teelöffel]
- 1 Portion Zimtstreusel

**Richtungen**

a) Heizen Sie den Ofen auf 350 °F vor.
b) Den aufgegangenen Teig ausstanzen und flach drücken.
c) Nehmen Sie eine Prise Mehl und werfen Sie es über die Oberfläche einer glatten, trockenen Arbeitsplatte, als würden Sie einen Stein auf Wasser lassen, um die Arbeitsplatte leicht zu bedecken. Nehmen Sie eine weitere Prise Mehl und bestäuben Sie es leicht mit einem Nudelholz. Drücken Sie den ausgestanzten Teigkreis mit dem Nudelholz flach und rollen Sie den Teig dann mit dem Nudelholz aus oder strecken Sie den Teig von Hand aus, als ob Sie eine Pizza von Grund auf backen würden. Ihr Endziel besteht darin, einen großen Kreis mit einem Durchmesser von etwa 11 Zoll zu erstellen. Bewahren Sie Ihre 10-Zoll-Kuchenform als Referenz in der Nähe auf. Die 11-Zoll-Teigrunde sollte ¼ bis ½ Zoll dick sein.
d) Den Teig vorsichtig in die Kuchenform geben. Drücken Sie den Teig abwechselnd mit den Fingern und Handflächen fest an seinen Platz. Stellen Sie die Kuchenform auf ein Blech.
e) Mit der Rückseite eines Löffels die Hälfte der braunen Butter gleichmäßig auf dem Teig verteilen.
f) Verwenden Sie die Rückseite eines anderen Löffels (Sie möchten keine braune Butter in Ihrer cremig-weißen Käsekuchenschicht!), um die Hälfte des flüssigen Käsekuchens

gleichmäßig auf der braunen Butter zu verteilen. Die restliche braune Butter gleichmäßig auf dem flüssigen Käsekuchen verteilen.

g) Den braunen Zucker über die braune Butter streuen. Drücken Sie es mit dem Handrücken fest, damit es an Ort und Stelle bleibt. Anschließend gleichmäßig mit Salz und Zimt bestreuen.

h) Nun zur knifflgsten Schicht: dem restlichen flüssigen Käsekuchen. Bleiben Sie kühl und verteilen Sie es so sanft wie möglich, um eine möglichst gleichmäßige Schicht zu erzielen.

i) Streuen Sie die Streusel gleichmäßig über die Käsekuchenschicht. Befestigen Sie die Streusel mit Ihrem Handrücken.

j) Den Kuchen 40 Minuten backen. Die Kruste wird sich aufblähen und braun werden, der flüssige Käsekuchen wird fest und der Streuselbelag wird knusprig und braun. Nach 40 Minuten die Pfanne vorsichtig schütteln. Die Mitte des Kuchens sollte leicht wackelig sein. Die Füllung sollte an den äußeren Rändern der Kuchenform liegen. Machen Sie sich keine Sorgen, wenn ein Teil der Füllung auf das darunter liegende Blech spritzt – betrachten Sie es als Snack für später. Bei Bedarf weitere 5 Minuten backen, bis der Kuchen der obigen Beschreibung entspricht.

k) Den Kuchen auf einem Kuchengitter abkühlen lassen. Zum Aufbewahren den Kuchen vollständig abkühlen lassen und gut in Plastikfolie einwickeln. Im Kühlschrank bleibt der Kuchen drei Tage lang frisch (die Kruste wird schnell altbacken); Im Gefrierschrank ist es 1 Monat haltbar.

l) Wenn Sie bereit sind, den Kuchen zu servieren, sollten Sie wissen, dass er am besten warm serviert wird! Schneiden Sie jede Scheibe in Scheiben und erhitzen Sie sie 30 Sekunden lang in der Mikrowelle, oder erwärmen Sie den gesamten Kuchen 10 bis 20 Minuten lang in einem auf 250 °F vorgeheizten Ofen, schneiden Sie ihn dann in Scheiben und servieren Sie ihn.

## 82. Haferflocken-Zimt-Eis

Ergibt etwa 1 Liter

**ZUTATEN:**
- Leere Eiscremebasis
- 1 Tasse Hafer
- 1 Esslöffel gemahlener Zimt

**ANWEISUNGEN:**
a) Bereiten Sie die Rohlingsbasis gemäß den Anweisungen vor.
b) In einer kleinen Pfanne bei mittlerer Hitze Haferflocken und Zimt vermischen. Unter regelmäßigem Rühren 10 Minuten lang rösten, bis es braun und aromatisch ist.
c) Zum Aufgießen den gerösteten Zimt und die Haferflocken zum Boden geben, sobald sie vom Herd kommen, und etwa 30 Minuten ziehen lassen. Verwenden Sie ein Sieb über einer Schüssel. Die Feststoffe abseihen und durchdrücken, um sicherzustellen, dass möglichst viel von der aromatisierten Sahne erhalten wird. Es kann sein, dass etwas Haferflockenbrei durchkommt, aber das ist in Ordnung – es ist köstlich!

Reservieren Sie die Haferflockenfeststoffe für das Haferflockenrezept!

d) Durch die Absorption geht ein Teil der Mischung verloren, sodass die Zutaten für dieses Eis etwas geringer ausfallen als gewöhnlich.

e) Bewahren Sie die Mischung über Nacht in Ihrem Kühlschrank auf. Wenn Sie bereit sind, das Eis zuzubereiten, mixen Sie es erneut mit einem Stabmixer, bis es glatt und cremig ist.

f) In eine Eismaschine füllen und gemäß den Anweisungen des Herstellers einfrieren. In einem luftdichten Behälter aufbewahren und über Nacht einfrieren.

## 83. Amaretto-Kokos-Kuchen

Ergibt: 1 - 9 Zoll große Kuchen

**ZUTATEN:**
- ¼ Tasse Butter; oder Margarine, weich
- 1 Tasse Zucker
- 2 große Eier
- ¾ Tasse Milch
- ¼ Tasse Amaretto
- ¼ Tasse selbstaufgehendes Mehl
- ⅔ Tasse Kokosraspeln

**ANWEISUNGEN:**
a) Butter und Zucker schaumig schlagen. Geschwindigkeit eines Elektromixers, bis eine leichte und lockere Konsistenz entsteht. Eier hinzufügen; Gut schlagen.
b) Milch, Amaretto und Mehl hinzufügen und gut verrühren.
c) Kokosnuss unterrühren. Gießen Sie die Mischung in eine leicht gefettete 9-Zoll-Tortenplatte.

d) 35 Minuten bei 350°C backen. oder bis es eingestellt ist. Auf einem Kuchengitter vollständig abkühlen lassen.

## 84. **Amischer Puddingkuchen**

Ergibt : 1 Portion

**ZUTATEN:**
- ⅓ Tasse Zucker
- 2 Teelöffel Mehl
- ½ Teelöffel Salz
- 3 Eier
- 3 Tassen Milch
- ¼ Teelöffel Muskatnuss
- 1 9 Zoll ungebackener Tortenboden

**ANWEISUNGEN:**
a) Zucker, Mehl, Salz und Eier vermischen und glatt rühren. Milch bis zum Siedepunkt erhitzen.
b) 1 Tasse heiße Milch zur Eimischung geben. Gießen Sie das Ganze in die restliche heiße Milch.
c) In ungebackene Tortenform gießen. Muskat darüber streuen. Bei 350 Grad F 45–60 Minuten backen.

# WHOOPIE PIES

## 85. Tiramisu Whoopie Pies

Ergibt: 6 Portionen

**ZUTATEN:**
**KEKSE:**
- 2 Tassen Mandelmehl
- 3 Esslöffel geschmacksneutrales Molkenprotein
- ½ Tasse Mönchsfrucht-Süßstoffgranulat
- 2 Teelöffel Backpulver
- ½ Teelöffel Backpulver
- ½ Teelöffel Salz
- ½ Tasse Butter in kleine Würfel schneiden
- ½ Tasse kohlenhydratarmer Zuckerersatz oder ½ Tasse Ihres bevorzugten kohlenhydratarmen Süßungsmittels
- 2 große Eier
- 1 Teelöffel Vanilleextrakt
- ½ Tasse vollfette saure Sahne
- Kakaopulver zum Bestäuben

**FÜLLUNG:**
- ¼ Tasse kalter Espresso oder starker Kaffee
- 1 Esslöffel dunkler Rum optional oder alternativ mit dem Likör Ihrer Wahl
- 8 Unzen Mascarpone-Käse
- 2 Esslöffel kohlenhydratarmer Zuckerersatz
- Prise Salz
- ½ Tasse Sahne
- 2 Teelöffel Vanilleextrakt
- 2 Teelöffel dunkler Rum optional oder mit einem Likör Ihrer Wahl ersetzen

**ANWEISUNGEN:**
a) Backofen auf 350 °F vorheizen. Besprühen Sie die Whoopie-Pie-Pfanne mit Antihaftspray.
b) Mandelmehl, Proteinpulver, braunen Zucker, Süßstoff, Backpulver, Natron und Salz in einer Schüssel vermischen. Beiseite legen.

c) Butter und Zucker mit einem Mixer bei mittlerer bis hoher Geschwindigkeit cremig schlagen; ca. 2 Minuten. Eier und 1 Teelöffel Vanille hinzufügen und verrühren, bis alles gut vermischt ist. Kratzen Sie die Seiten der Schüssel ab. Sauerrahm hinzufügen und die Mischung trocknen.
d) Geben Sie den Teig mit einem kleinen Teelöffel in jede Whoopie-Pie-Form und füllen Sie dabei etwa ⅔ des Platzes aus. Geben Sie etwas Kakaopulver in ein kleines Sieb und streuen Sie etwas Kakaopulver auf jeden Teiglöffel.
e) Backen, bis die Ränder goldbraun sind, etwa 10–12 Minuten.
f) Auf einem Kuchengitter etwa 10 Minuten abkühlen lassen, dann die Kekse aus der Form nehmen und abkühlen lassen.
g) Sobald die Kekse abgekühlt sind, drehen Sie sie auf dem Rost um.
h) Espresso und 3 Esslöffel dunklen Rum in einer kleinen Schüssel vermischen. Verteilen Sie etwa ¼ Teelöffel der Espressoflüssigkeit auf der Unterseite jedes Kekses.
i) Mascarpone, kohlenhydratarmen Zuckerersatz, Salz, Sahne-Vanille und 1 EL dunklen Rum mit einem Mixer glatt rühren. Einen Teil der Mascarpone-Käse-Mischung auf die Schokoladenhälfte der Kekse geben. Die andere Hälfte der Kekse darauflegen.
j) Sofort servieren oder in den Kühlschrank stellen.

## 86. Melasse-Whoopie-Pie

Ergibt: 1 Portionen

**ZUTATEN:**
- 2 Eier
- 2 Tassen brauner Zucker
- 1 Tasse Melasse
- 1 Tasse Margarine
- 1½ Tasse süße Milch
- 4 Teelöffel Backpulver
- ½ Teelöffel Ingwer
- ½ Teelöffel Zimt
- ½ Teelöffel Nelken
- 5 Tassen Mehl
- 2 Eiweiß
- 2 Teelöffel Vanille
- 4 Esslöffel Mehl
- 2 Esslöffel Milch
- 1½ Tasse Pflanzenöl
- 1 Pfund 10 x Zucker

**ANWEISUNGEN:**
a) Sahnefett, Zucker und Eier. Melasse, Milch und trockene Zutaten hinzufügen.
b) Löffelweise auf die Backform geben. 350 8-10 Minuten backen. FÜLLUNG: Eiweiß steif schlagen.
c) Vanille, Mehl und Milch hinzufügen. Gut verrühren und Backfett und Zucker hinzufügen.
d) Wenn der Keks abgekühlt ist, die Füllung auf zwei Keksen verteilen und zusammensetzen.

## 87. Haferflocken-Whoopie-Pie

Ergibt: 1 Portionen

**ZUTATEN:**
- 2 Tassen brauner Zucker
- ¾ Tasse Verkürzung
- 2 Eier
- ½ Teelöffel Salz
- 1 Teelöffel Zimt
- 1 Teelöffel Backpulver
- 1 Teelöffel Backpulver
- 3 Esslöffel kochendes Wasser
- 2½ Tasse Mehl
- 2 Tassen Haferflocken
- 2 Eiweiß, geschlagen
- 2 Teelöffel Vanille
- 4 Esslöffel Mehl
- 2 Esslöffel 10X Zucker
- 4 Esslöffel Milch
- 1½ Tasse Crisco festes Backfett
- 4 Tassen 10X Zucker

**ANWEISUNGEN:**
a) Braunen Zucker und Backfett cremig rühren. Eier hinzufügen und schlagen. Salz, Zimt und Backpulver hinzufügen. Backpulver in kochendem Wasser auflösen und zur Mischung hinzufügen. Mehl und Haferflocken hinzufügen. Auf ein gefettetes Backblech geben und 8 bis 10 Minuten bei 350 Grad backen. Vollständig abkühlen lassen.
b) Füllen Sie mit der Füllung unten. Machen Sie Sandwich-Kekse. Eiweiß schlagen, Vanille, 4 Esslöffel Mehl, 2 Esslöffel 10x Zucker und Milch hinzufügen.
c) Backfett hinzufügen und gut verrühren. Fügen Sie 4 Tassen 10X Zucker hinzu und schlagen Sie erneut.
d) Sandwiches machen.

# POT-PIES

## 88. Pilz-Kalbfleisch-Pastete

Ergibt: 4 Portionen

**ZUTATEN:**
- 1 Pfund geschmortes Kalbfleisch
- 3 Esslöffel Allzweckmehl
- ¼ Teelöffel Salz
- ½ Teelöffel Pfeffer
- 1 Esslöffel Pflanzenöl
- 1 Zwiebel, gehackt
- 1 Knoblauchzehe, gehackt
- 2 Karotten, gehackt
- 3 Tassen Pilze, in Scheiben geschnitten
- ½ Teelöffel getrockneter Salbei
- 2 Tassen Rinderbrühe
- 2 Esslöffel trockener Wermut [optional]
- 1 Esslöffel Tomatenmark
- 1 Teelöffel Worcestershire-Sauce
- 1 Tasse gefrorene Erbsen
- 1¼ Tasse Allzweckmehl
- 1 Esslöffel frische Petersilie, gehackt
- 2 Teelöffel Backpulver
- ¾ Teelöffel Backpulver
- Prise Salz
- Prise Pfeffer
- 3 Esslöffel Butter, kalt
- ¾ Tasse fettarmer Naturjoghurt

**ANWEISUNGEN:**
a) Kalbfleisch putzen; in mundgerechte Stücke schneiden. In einer Plastiktüte Mehl mit Salz und der Hälfte des Pfeffers vermischen. Kalbfleisch in der Mehlmischung wenden, bei Bedarf portionsweise.
b) In einer großen, tiefen Pfanne mit Antihaftbeschichtung die Hälfte des Öls bei mittlerer bis hoher Hitze erhitzen. Das Fleisch

portionsweise anbraten und bei Bedarf das restliche Öl hinzufügen. Auf den Teller geben; beiseite legen.

c) Zwiebel, Knoblauch, Karotten, Pilze, Salbei und 1 EL Wasser in die Pfanne geben; Unter Rühren etwa 7 Minuten kochen lassen oder bis die Masse goldbraun ist und die Feuchtigkeit verdampft ist.

d) ⅔ Tasse Wasser, Brühe, Wermut, Tomatenmark, Worcestershire, restlichen Pfeffer und beiseite gestelltes Fleisch einrühren. zum Kochen bringen; Hitze reduzieren und zugedeckt unter gelegentlichem Rühren 1 Stunde köcheln lassen.

e) Aufdecken; etwa 15 Minuten kochen lassen oder bis das Fleisch zart und die Soße eingedickt ist. Erbsen unterrühren; abkühlen lassen. In eine quadratische 8-Zoll-Auflaufform gießen.

f) Leichter Keksbelag: In einer großen Schüssel Mehl, Petersilie, Backpulver, Natron, Salz und Pfeffer verrühren; Butter hineinschneiden, bis die Mischung groben Krümeln ähnelt. Den Joghurt auf einmal hinzufügen; Mit der Gabel umrühren, bis ein weicher, leicht klebriger Teig entsteht.

g) Den Teig auf einer leicht bemehlten Arbeitsfläche 8 Mal vorsichtig kneten, bis er glatt ist.

h) Den Teig vorsichtig in ein 20 cm großes Quadrat ausklopfen. In 16 gleich große Quadrate schneiden. In 4 Reihen über die Kalbfleischmischung legen.

i) Im Ofen bei 450 °F und 230 °C 25–30 Minuten backen oder bis sich Blasen bilden, die Kruste goldbraun ist und die Kekse beim vorsichtigen Anheben darunter gebacken werden.

j) Mit sautierten Zucchini servieren.

## 89. Cheddar Chicken Pot Pie

Ergibt: 6 Portionen

**ZUTATEN:**
**KRUSTE**
- 1 Tasse fettarme Backmischung
- ¼ Tasse Wasser

**FÜLLUNG**
- 1½ Tasse Hühnerbrühe
- 2 Tassen Kartoffeln, geschält und
- Gewürfelt
- 1 Tasse Karotten, in Scheiben geschnitten
- ½ Tasse Sellerie, in Scheiben geschnitten
- ½ Tasse Zwiebeln, gehackt
- ½ Tasse Paprika, gehackt
- ¼ Tasse ungebleichtes Mehl
- 1½ Tasse Magermilch
- 2 Tassen fettfreier Cheddar-Käse – gerieben
- 4 Tassen Hühnchen, helles Fleisch ohne Haut
- Gekocht und gewürfelt
- ¼ Teelöffel Geflügelgewürz

**ANWEISUNGEN:**

a) Den Ofen auf 425 °C vorheizen. Für die Kruste 1 Tasse Backmischung und Wasser vermischen, bis ein weicher Teig entsteht. kräftig schlagen. Den Teig auf einer bemehlten Arbeitsfläche vorsichtig zu einer Kugel formen. 5 Mal kneten. Befolgen Sie die entsprechenden Anweisungen für die Kruste. Für die Füllung die Brühe in einem Topf erhitzen.

b) Kartoffeln, Karotten, Sellerie, Zwiebeln und Paprika hinzufügen. 15 Minuten köcheln lassen oder bis alles weich ist. Mehl mit Milch vermischen. In die Brühemischung einrühren. Bei mittlerer Hitze kochen und rühren, bis es leicht eingedickt ist. Käse, Hühnchen und Geflügelgewürz unterrühren. Erhitzen, bis der Käse schmilzt. In eine 2-Liter-Auflaufform geben. Den

Boden über die Füllung im Auflauf legen. Kanten versiegeln. Machen Sie Schlitze in der Kruste, um Dampf zu erzeugen.

c) Backen Sie es 40 Minuten lang oder bis es goldbraun ist.

## 90. Schweinefleisch-Pot-Pie vom Bauernhof

Ergibt: 6 Portionen

## ZUTATEN:
- 2 Zwiebeln, groß, gehackt
- 2 Karotten, groß, in Scheiben geschnitten
- 1 Kohlkopf, klein, gehackt
- 3 Tassen Schweinefleisch, gekocht, gewürfelt
- Salz nach Geschmack
- 1 Teig für 9-Zoll-Kuchen
- ¼ Tasse Butter oder Margarine
- 2 Kartoffeln, groß, gewürfelt
- 1 Dose Hühnerbrühe (14oz)
- 1 Esslöffel aromatischer Angostura-Bitter
- Weißer Pfeffer nach Geschmack
- 2 Teelöffel Kümmel

## ANWEISUNGEN:
a) 1. Zwiebeln in Butter goldbraun anbraten. 2. Karotten, Kartoffeln, Kohl, Brühe, Schweinefleisch und Bitterstoffe hinzufügen; abdecken und ca. 30 Minuten kochen, bis der Kohl weich ist.

b) 3. Mit Salz und weißem Pfeffer abschmecken. 4. Den Teig vorbereiten und Kümmel hinzufügen. 5. Den Teig auf einem leicht bemehlten Brett etwa 2,5 Zentimeter dick ausrollen. Schneiden Sie sechs 6-Zoll-Kreise aus, um sechs 5-Zoll-Kuchenformen zu bedecken. 6. Die Füllung gleichmäßig auf die Kuchenformen verteilen. Mit Krusten belegen und den Teig ½ Zoll über den Pfannenrand hängen lassen. 7. Schneiden Sie ein Kreuz in die Mitte jedes Kuchens. Ziehen Sie die Teigspitzen zurück, um die Tortenoberseiten zu öffnen.

c) Im vorgeheizten Ofen bei 200 °C backen. 30 bis 35 Minuten im Ofen backen, oder bis die Kruste braun ist und die Füllung Blasen bildet.

## 91. **Hummer-Pot-Pie**

Ergibt: 6 Portionen

**ZUTATEN:**
- 6 Esslöffel Butter
- 1 Tasse gehackte Zwiebeln
- ½ Tasse gehackter Sellerie
- Salz; schmecken
- Frisch gemahlener weißer Pfeffer; schmecken
- 6 Esslöffel Mehl
- 3 Tassen Meeresfrüchte- oder Hühnerbrühe
- 1 Tasse Milch
- 2 Tassen gewürfelte Kartoffeln; blanchiert
- 1 Tasse gewürfelte Karotten; blanchiert
- 1 Tasse süße Erbsen
- 1 Tasse gewürfelter gebackener Schinken
- 1 Pfund Hummerfleisch; gekocht, gewürfelt
- ½ Tasse Wasser -; (bis 1 Tasse)
- ½ Rezept für einfachen herzhaften Kuchenboden
- Auf Pfannengröße ausgerollt

**ANWEISUNGEN:**

a) Den Ofen auf 375 Grad vorheizen. Eine rechteckige Glasbackform einfetten. In einer großen Bratpfanne die Butter schmelzen. Zwiebeln und Sellerie hinzufügen und 2 Minuten anbraten.

b) Mit Salz und Pfeffer würzen. Das Mehl einrühren und etwa 3 bis 4 Minuten kochen lassen, um eine helle Mehlschwitze zu erhalten.

c) Brühe einrühren und die Flüssigkeit zum Kochen bringen. Auf köcheln lassen und 8 bis 10 Minuten weiterkochen, oder bis die Soße anfängt einzudicken. Milch einrühren und 4 Minuten weiterkochen.

d) Mit Salz und Pfeffer würzen. Vom Herd nehmen. Kartoffeln, Karotten, Erbsen, Schinken und Hummer unterrühren. Mit Salz und Pfeffer würzen. Die Füllung gründlich verrühren. Wenn die

Füllung zu dick ist, etwas Wasser hinzufügen, um die Füllung zu verdünnen.
e) Die Füllung in die vorbereitete Form füllen. Den Boden auf die Füllung legen.
f) Schieben Sie die überstehende Kruste vorsichtig in die Pfanne, sodass ein dicker Rand entsteht. Die Ränder der Form zusammendrücken und auf ein Backblech legen.
g) Machen Sie mit einem scharfen Messer mehrere Schlitze in die Oberseite der Kruste. Stellen Sie die Form in den Ofen und backen Sie sie etwa 25 bis 30 Minuten lang oder bis die Kruste goldbraun und knusprig ist.
h) Aus dem Ofen nehmen und vor dem Servieren 5 Minuten abkühlen lassen.

## 92. Steak-Pot-Pie

Ergibt: 4 Portionen

**ZUTATEN:**
- 1 Tasse gehackte Zwiebel
- 2 Esslöffel Margarine
- 3 Esslöffel Allzweckmehl
- 1½ Tasse Rinderbrühe
- ½ Tasse A 1 Original oder A.1 Bold & Spicy Steaksauce
- 3 Tassen gewürfeltes gekochtes Steak (ca
- 1 1/2 Pfund)
- 1 16 oz. Pkg. gefrorene Brokkoli-, Blumenkohl- und Karottenmischung
- Bereiten Sie den Teig für 1 Krustenkuchen vor
- 1 Ei, geschlagen

**ANWEISUNGEN:**
a) In einem 2-Liter-Topf bei mittlerer bis hoher Hitze die Zwiebeln in Margarine kochen, bis sie weich sind.
b) Mehl untermischen; noch 1 Minute kochen lassen. Brühe und Steaksauce hinzufügen; kochen und rühren, bis die Mischung eindickt und zu kochen beginnt. Steak und Gemüse unterrühren. Die Mischung in eine 20 cm große quadratische Glasbackform geben.
c) Den Teigboden ausrollen und so zuschneiden, dass er über die Form passt. Kruste am Rand der Form festkleben; Mit Ei bestreichen. Die Oberseite der Kruste aufschlitzen, um Luft zu entlüften.
d) Bei 400 °F 25 Minuten backen oder bis die Kruste goldbraun ist.
e) Sofort servieren. Nach Wunsch garnieren.

## 93. Asiatischer Chicken Pot Pie

Ergibt: 1 Portionen

**ZUTATEN:**
- 4 6 Unzen Hähnchenbrust ohne Knochen und ohne Haut
- ½ Teelöffel chinesischer schwarzer Essig
- 1 Kopf Brokkoli
- ½ Pfund Wasserkastanien
- 1 große Karotte
- 1 Stangensellerie
- 1 kleiner Buchschoi
- 2 Esslöffel Olivenöl
- 2 Esslöffel Maisstärke
- ½ Teelöffel chinesisches 5-Gewürz
- Salz und Pfeffer nach Geschmack
- 3 Knoblauchzehen, gehackt
- 2 Esslöffel gehackte Zwiebel
- 1 Teelöffel gehackter Ingwer
- 1 Tasse Hühnerbrühe
- 8 Blätter Blätterteig
- 2 Esslöffel geschmolzene Butter
- 1 Esslöffel gehackter chinesischer Schnittlauch
- 4 große Rosmarinzweige

**ANWEISUNGEN:**

a) Hähnchen in 2-Zoll-Streifen schneiden. Das gesamte Gemüse in 5 cm dicke Streifen schneiden und blanchieren. In einer großen Pfanne bei starker Hitze die Hähnchenstreifen mit dem Essig anbraten. Geben Sie die Maisstärke hinzu. Mit 5-Gewürze-Pulver, Salz und Pfeffer würzen. Knoblauch, Zwiebel und Ingwer hinzufügen. 5 bis 6 Minuten unter Rühren braten. Hühnerbrühe und Gemüse hinzufügen. 8 bis 10 Minuten kochen lassen. Gewürze prüfen.

b) Kühlen. Vier ½-Zoll-Blätter Phyllo-Teig schichten, die Zwischenräume mit Butter bestreichen und in eine 4-Zoll-Kuchenform legen. Wiederholen Sie den Vorgang für vier

Pfannen. Die Hühnermischung gleichmäßig auf jede Pfanne verteilen. Schnittlauch hinzufügen. Falten Sie die Ecken zur Mitte. Im 400-Grad-Ofen 12 Minuten backen.

c) Sofort auf Servierteller verteilen und mit Rosmarinzweigen garnieren.

# MINCE PIES

## 94. Baileys Mince Pies

Ergibt: 9-12 Kuchen

## ZUTATEN:
- 200 g Mehl, plus etwas Mehl zum Bestäuben
- 100 g Butter, gekühlt und in Würfel schneiden
- 1 Teelöffel Puderzucker
- 1 mittelgroßes Freilandei, leicht geschlagen
- 1 Esslöffel Baileys Original
- 250 g hochwertiges Hackfleisch
- 2 Esslöffel Milch zum Bestreichen

## FÜR DIE BAILEYS-BUTTER
- 75 g Butter, weich
- 75 g Puderzucker, plus etwas Zucker zum Bestäuben
- 2 Esslöffel Baileys Original

## ANWEISUNGEN:
a) Geben Sie das Mehl in eine große Rührschüssel und fügen Sie die gekühlten Butterwürfel hinzu. Reiben Sie die Butter mit den Fingerspitzen in das Mehl ein, bis die Mischung wie Semmelbrösel aussieht. Den Zucker einrühren, dann das Ei hinzufügen und die Mischung schnell zu einem weichen Teig verrühren. Wenn es trocken erscheint, fügen Sie einen Spritzer kaltes Wasser hinzu. Den Teig in Frischhaltefolie einwickeln und 30 Minuten kalt stellen.

b) Den Backofen auf 180 °C Umluft/Gas vorheizen. 6. Die Baileys unter das Hackfleisch mischen und beiseite stellen.

c) Rollen Sie den Teig auf einer leicht bemehlten Arbeitsfläche aus und schneiden Sie 9–12 Kreise aus, die groß genug sind, um die Löcher Ihrer Form auszukleiden. Drücken Sie sie vorsichtig mit einer kleinen Teigkugel in die Löcher. Aus dem restlichen Teig 9-12 kleinere Kreise, Sterne oder festliche Deckelformen ausstechen.

d) In jeden Kuchen etwa einen Esslöffel Hackfleisch geben. Bestreichen Sie die Unterseite jedes Deckels mit etwas Milch und legen Sie die Deckel auf die Pasteten. Drücken Sie die

Teigränder zusammen, um sie zu verschließen. Bestreichen Sie die Oberseite jedes Kuchens mit etwas mehr Milch und schneiden Sie dann mit einem kleinen scharfen Messer ein X in die Oberseite jedes versiegelten Mince Pies, damit der Dampf entweichen kann.

e) Die Mince Pies im Ofen 15–20 Minuten goldbraun backen. Lassen Sie sie 5 Minuten in der Form abkühlen, bevor Sie sie vorsichtig auf einen Rost legen und vollständig abkühlen lassen.

f) Für die Baileys-Butter die 75 g Butter weich und glatt schlagen, den Puderzucker und die Baileys-Butter hinzufügen und erneut schlagen. Die Mince Pies mit Puderzucker bestäuben und mit der cremigen Baileys-Butter servieren.

## 95. Apfel-Hackfleisch-Kuchen

Ergibt: 1 Portion

## ZUTATEN:
- 1 9-Zoll-Kuchenschale, ungebacken
- ¼ Tasse Allzweckmehl
- ⅓ Tasse Zucker
- ⅛ Teelöffel Salz
- 1 Esslöffel Margarine oder Butter
- ¼ Tasse Wasser
- 2 Esslöffel rote Zimtbonbons
- 2 Gläser (9 Oz) Hackfleisch, zubereitet
- 3 Äpfel, Torte

## ANWEISUNGEN:
a) Tortenboden vorbereiten. Heizen Sie den Ofen auf 200 °C vor. Streuen Sie 2 EL Mehl auf einen mit Teig ausgelegten Tortenteller. Restliches Mehl, Zucker, Salz und Margarine krümelig verrühren. Wasser und Zimtbonbons erhitzen und umrühren, bis sich die Bonbons aufgelöst haben. Hackfleisch auf dem Teig verteilen.

b) Äpfel schälen und vierteln; In Keile schneiden, außen ½ Zoll dick. Bedecken Sie das Hackfleisch mit zwei Kreisen überlappender Apfelspalten. Mit Zuckermischung bestreuen. Zimtsirup darüber geben und so viel Zuckermischung wie möglich anfeuchten.

c) Decken Sie den Rand mit einem 5 bis 7 cm breiten Streifen Aluminiumfolie ab, um eine übermäßige Bräunung zu verhindern. Während der letzten 15 Minuten des Backens die Folie entfernen. 40 bis 50 Minuten backen, bis die Kruste goldbraun ist.

## 96. Apfelstreusel-Hackfleischkuchen

Ergibt: 1 Kuchen

**ZUTATEN:**
- 1 ungebackene Teighülle; 9 Zoll
- 3 Äpfel; geschält, in dünne Scheiben geschnitten
- ½ Tasse Mehl; ungesiebt
- 3 Esslöffel Mehl; ungesiebt
- 2 Esslöffel Margarine; oder Butter, geschmolzen
- 1 Glas Kein solches Hackfleisch, gebrauchsfertig
- ¼ Tasse brauner Zucker; fest verpackt
- 1 Teelöffel gemahlener Zimt
- ⅓ Tasse Margarine; oder Butter, kalt
- ¼ Tasse Nüsse; gehackt

**ANWEISUNGEN:**

a) In einer großen Schüssel Äpfel mit 3 Esslöffeln Mehl und geschmolzener Margarine vermischen; In der Teigschale anrichten. Mit Hackfleisch belegen. In einer mittelgroßen Schüssel die restlichen ½ Tasse Mehl, Zucker und Zimt vermischen. Auf kalter Margarine zerkleinern, bis es krümelig ist. Nüsse hinzufügen; über das Hackfleisch streuen.

b) In der unteren Hälfte des 425-Grad-Ofens 10 Minuten backen. Reduzieren Sie die Ofentemperatur auf 375 °C. 25 Minuten länger backen oder bis es goldbraun ist. Cool.

# 97. Cranberry-Mince-Pie

Ergibt: 6 Portionen

**ZUTATEN:**
- ⅔ Tasse Zucker
- 2 Esslöffel Maisstärke
- ⅔ Tasse Wasser
- 1½ Tasse frische Preiselbeeren, abgespült
- 1 x Teig für 2 Krustenkuchen
- Je 1 Glas gebrauchsfertiges Hackfleisch
- Je 1 Eigelb mit 2 EL Wasser vermischen

**ANWEISUNGEN:**

a) In einem Topf Zucker und Maisstärke vermischen, Wasser hinzufügen. Bei starker Hitze kochen und rühren, bis es kocht. Preiselbeeren hinzufügen, erneut aufkochen lassen. Hitze reduzieren, 5 bis 10 Minuten köcheln lassen, dabei gelegentlich umrühren.

b) Das Hackfleisch in eine mit Teig ausgelegte 9 oder 10 Zoll große Tortenplatte füllen und mit Preiselbeeren belegen.

c) Mit der luftdurchlässigen oberen Kruste abdecken, verschließen und flöten. Die Eiermischung über die Kruste streichen.

d) Bei 425 Grad in der unteren Hälfte des Ofens 30 Minuten backen oder bis sie goldbraun sind. Abkühlen lassen. Mit Eierlikör dekorieren.

e) ½ Pint Schlagsahne unterheben, schaumig schlagen und kalt stellen.

## 98. Mince Pie mit Zitronengarnitur

Ergibt: 1 Portionen

**ZUTATEN:**
- 1 Tasse Pillsbury's Best Allzweckmehl, gesiebt
- ½ Teelöffel Salz
- ⅓ Tasse Verkürzung
- 3 Esslöffel kaltes Wasser
- 9 Unzen Pkg trockenes Hackfleisch; In Stücke zerbrochen
- 2 Esslöffel Zucker
- 1 Tasse Wasser
- 2 Esslöffel Funsten-Walnüsse; gehackt
- 2 Esslöffel Butter
- ⅔ Tasse Zucker
- 2 Esslöffel Mehl
- 2 Eigelb
- 1 Esslöffel abgeriebene Zitronenschale
- 2 Esslöffel Zitronensaft
- ¾ Tasse Milch
- 2 Eiweiß

**ANWEISUNGEN:**
a) Pillsbury's Best Allzweckmehl und Salz zusammen in eine Rührschüssel sieben.
b) Schneiden Sie das Backfett ein, bis die Partikel die Größe kleiner Erbsen haben. Streuen Sie 3 bis 4 Esslöffel kaltes Wasser über die Mischung und rühren Sie dabei leicht mit der Gabel um.
c) Fügen Sie den trockensten Partikeln Wasser hinzu und schieben Sie die Klumpen zur Seite, bis der Teig gerade feucht genug ist, um zusammenzuhalten. Zu einer Kugel formen.
d) Auf eine Dicke von ½ Zoll flach drücken; glatte Kanten. Auf einer bemehlten Arbeitsfläche einen Kreis ausrollen, der 3,5 cm größer ist als die umgedrehte 23 cm große Kuchenform. Locker in die Kuchenform einpassen.
e) Den Rand so falten, dass ein stehender Rand entsteht. Flöte. Nicht backen. Hackfleischfüllung: Trockenes Hackfleisch (auf

Wunsch kann die trockene Hackfleischmischung durch 2 Tassen vorbereitetes Hackfleisch ersetzt werden), Zucker und Wasser in einem kleinen Topf vermischen.

f) Zum Kochen bringen; 1 Minute kochen lassen. Cool. 2 Esslöffel gehackte Walnüsse unterrühren. In eine mit Teig ausgelegte Form geben. Den Belag über das Hackfleisch gießen.

g) Im mäßigen Ofen (350 Grad) 45 bis 50 Minuten backen. Cool. Zitronenbelag: Butter, Zucker und Mehl vermischen; gut mischen.

h) Eigelb unterrühren. Abgeriebene Zitronenschale, Zitronensaft und ¾ Tasse Milch unterrühren. Eiweiß schlagen, bis sich weiche Spitzen bilden; Vorsichtig unter die Mischung heben.

## 99. Obstgarten-Mince-Pie

Ergibt: 8 Portionen

**ZUTATEN:**
1 9-Zoll-Kuchenboden; ungebacken
2 Tassen mittelgroße Äpfel; geschält und fein gehackt
1 Tasse vorbereitetes Hackfleisch
¾ Tasse helle Creme
¾ Tasse brauner Zucker; verpackt
¼ Esslöffel Salz
½ Tasse gehackte Nüsse

**ANWEISUNGEN:**
a) In einer großen Rührschüssel Äpfel, Hackfleisch, Sahne, braunen Zucker und Salz vermischen. Gut vermischen.
b) In eine ungebackene Tortenform gießen; Mit Nüssen bestreuen.
c) Bei 375° 40 bis 50 Minuten backen, bis die Kruste goldbraun ist.

## 100. Sauerrahm-Hackfleischkuchen

Ergibt: 10 Portionen

**ZUTATEN:**
- 1 9-Zoll-Gebäckschale; ungebacken
- 1 Packung (9 oz) kondensiertes Hackfleisch; zerbröckelt
- 1 Tasse Apfelsaft oder Wasser
- 1 mittelgroßer Apfel; entkernt, geschält, gehackt
- 1 Esslöffel Mehl
- 2 Tassen Sauerrahm
- 2 Eier
- 2 Esslöffel Zucker
- 1 Teelöffel Vanille
- 3 Esslöffel Nüsse; gehackt

**ANWEISUNGEN:**
a) Ofen auf 425° vorheizen. In einem kleinen Topf Hackfleisch und Apfelsaft vermischen.
b) Zum Kochen bringen; 1 Minute kräftig kochen lassen. In einer mittelgroßen Schüssel Mehl unter die Äpfel rühren, um sie zu beschichten. Hackfleisch unterrühren. In die Teighülle gießen. 15 Minuten backen.
c) In der Zwischenzeit in einer kleinen Rührschüssel Sauerrahm, Eier, Zucker und Vanille vermischen. glatt rühren. Gleichmäßig über die Hackfleischmischung gießen. Mit Nüssen bestreuen. Zurück zum Ofen; 8 bis 10 Minuten länger backen, bis es fest ist. Cool.
d) Gut durchkühlen lassen. Nach Wunsch garnieren. Reste im Kühlschrank aufbewahren.

## ABSCHLUSS

Kuchen ist immer eine gute Idee, besonders an den Feiertagen! Thanksgiving-Menüs und Weihnachtsdesserts sind immer mit vielen saisonalen Kuchen wie Kürbis und Cranberry-Orangen gefüllt. Aber es gibt auch andere Anlässe, die einen Kuchen wert sind. Wie ein Grillabend im Sommer, bei dem Limettenkuchen und Erdbeerkuchen für atemberaubende Desserts bei warmem Wetter sorgen. Andererseits brauchen Sie keinen Grund, einen hausgemachten Kuchen zu backen. Legen Sie einfach einen Tortenboden in den Gefrierschrank und Sie können eines dieser Kuchenrezepte zubereiten, wann immer Sie Lust darauf haben! Beispielsweise möchten Sie vielleicht Schokoladenkuchen für Ihr Sonntagsessen backen. Oder bereiten Sie die Pekannusskuchenriegel für Ihr Potluck zu.

Milton Keynes UK
Ingram Content Group UK Ltd.
UKHW020734131123
432470UK00020B/1007